À la recherche de la morale française

Benoît R. Sorel

À la recherche de la morale française

Réflexions sur le livre de Jean-Marie DOMENACH,
Une morale sans moralisme, Flammarion, 1992

Éditions BoD

© 2017, Benoît R. Sorel

Edition : BoD - Books on Demand
12/14 rond-point des Champs Elysées, 75008 Paris
Imprimé par Books on Demand GmbH, Norderstedt, Allemagne
ISBN : 9782322099382
Dépôt légal : novembre 2017

Du même auteur

La gestion des insectes en agriculture naturelle

L'élevage professionnel d'insectes : points stratégiques et méthode de conduite

L'agroécologie : cours théorique

L'agroécologie : cours technique

NAGESI. Nature, société et spiritualité

Les cinq pratiques du jardinage agroécologique

Réflexions politiques. Liberté – égalité – fraternité, autorité – responsabilité – clarté

Quand la nuit vient au jardin. Émotions déplaisantes et ephexis au jardin agroécologique

L'agroécologie c'est super cool ! Et autres arguments très sérieux en faveur de l'agroécologie

À paraître : Sens de la vie et pseudo-sciences

Ainsi que des textes gratuits disponibles sur le site internet
HTTP:\\JARDINDESFRENES.JIMDO.COM

Sommaire

I. Pourquoi s'intéresser à la morale ? 1

Une définition minimaliste de la morale 1
Une quête personnelle 2
À la recherche d'un excellent point de repère 8

II. Méthode de travail 12

Choisir le bon livre pour découvrir un domaine 12
Comment apprendre d'un livre 12

III. Notes commentées de *Morale sans moralisme* 15

Introduction 15
On en a mis partout 19
« Si je savais bien parler » 20
« Si tout le monde était moral… » 26
On ne badine pas avec l'universel 26
Communiquer ? 28
Dépendance et liberté 29
Pitié, don, solidarité 32
Responsables, coupables et complices 33
Chassez Satan 35
Le naturel et le technique 38
Droit de mort et droit de vie 41
Moral, immoral, amoral 43
L'impardonnable et l'histoire 46
Qu'est-ce donc qu'une vie bonne ? 52
La « justice sociale » 56

IV. Déductions 59

Une morale française 59
L'ordre moral et la politique 65

V. Annexe : morale et mutilation 67

I. Pourquoi s'intéresser à la morale ?

Une définition minimaliste de la morale

Qu'est-ce que la « morale » ? Entend-on par là un ensemble de traditions à respecter ? Un ensemble de règles de politesses ? Un ensemble de comportements que chacun doit reproduire en vue de la bonne marche de la société ? L'utilité de la morale est-elle de régler les rapports entre hommes et femmes, jeunes et vieux, riches et pauvres, sédentaires et étrangers, forts et faibles, intelligents et indigents, ou encore entre individus « normaux » et individus « malformés » ? Ou la morale est-elle, de façon plus restreinte, un ensemble de comportements préconisés par une religion ? Par une idéologie ? Par une communauté de gens dans un temps donné et dans un espace donné ?

Tout le monde connaît le mot de « morale », tout le monde en a cherché le sens au moins une fois dans sa vie. Il y eut et il y a de nombreux moralistes et il y eut et il y a de nombreux penseurs de la morale. Pour autant il n'a y pas de définition univoque, définitive, de la morale. Les définitions qu'en propose l'être le plus érudit ne sont pas plus, mais pas moins, dignes d'intérêt que celles proposées par l'indigent. La morale est élastique : « à chacun sa morale », dit-on. Même la différence d'orientation dans le style de vie, spiritualiste versus matérialiste par exemple, n'a pas de prise sur la morale : l'avis du travailleur maçon, ancré dans la pierre et le concret, vaut celui de l'artiste suspendu aux nuages de l'âme.

À défaut de pouvoir jamais s'accorder sur la moralité de telle ou telle action ou de telle ou telle réflexion sur la morale, je pense que nous pouvons quand même tous nous accorder sur le choix de définir la morale par une *question minimaliste*. Et cette question est des plus simples : en fonction des circonstances, qu'est-il *bien* de faire ? Il est inutile de chercher à définir ce que l'on entend par « bien » ou « pas bien » : la morale commence par le simple fait de se poser cette question à soi-même. La morale est d'abord la *volonté* de poser la question du bien, et du mal.

Une quête personnelle

Voilà où j'en étais de ma conception de la morale, à mon retour en France en 2012. La même année, je prenais la décision de mieux connaître mon pays de naissance – dix-huit années de vie hors de France ont fait que je ne me sens pas tout à fait Français. Je décidais de chercher « ce qu'est la France », de chercher l'identité de ce pays que j'avais durant de nombreuses années « vu de loin », tout en recevant une éducation dans des établissements scolaires français d'outre-mer et de l'étranger.

Qu'est-ce que la France ? La France, c'est les Français. On trouve la France, le pays France, dans le pourquoi et le comment des actes et des paroles de chaque Français. Les Français ont-ils ainsi un « caractère français » bien à eux, qui les différencierait des Allemands par exemple ? À cela il faut chercher des réponses non pas dans les situations légères, telle que le sport ou la cuisine. On trouvera dans ces domaines une identité propre aux Français, mais je ne souhaite pas réfléchir sur ces thèmes légers. Je pense que c'est dans les situations difficiles, à fort enjeu, que le caractère profond des personnes se révèle clairement. En politique par exemple. À ce sujet, j'ai écrit mon dépit et mes réflexions dans mon livre *Réflexions politiques*. En politique, on peut identifier une identité propre aux Français : le Français ne fait pas de la politique comme l'Allemand. Mais la profondeur de ce niveau ne me satisfait pas entièrement : j'y ai trouvé certes une partie de l'identité française, mais pas encore assez. Dans le présent ouvrage, je n'utiliserai donc pas la perspective politique. Je veux aller à ce qui sous-tend les décisions politiques, par-delà toutes les considérations de parti politique, d'argent public, d'idéologie, d'organisation administrative. Et sous ces niveaux d'organisation d'un pays, me semble-t-il, se trouve le niveau de la morale à l'œuvre dans le pays.

Existe-t-il, au fond du fond, une morale française ? Qui serait par exemple différente de la morale allemande ? En fait, je n'ai pas les moyens de répondre strictement à cette question. Pour cela il faudrait étudier tous les moralistes[1] et tous les penseurs de la morale de part et d'autre du Rhin, et les comparer. Je n'ai ni le temps ni les ressources pour faire ces études et ces comparaisons. D'ailleurs il existe sûrement déjà des ouvrages de morale comparée. Dois-je pour autant renoncer à réfléchir sur la morale ? En plus, mes études ne m'ont pas donné l'occasion d'acquérir les « bases » de la morale (auteurs-clé, époques, géographie de la morale, approche philosophique). Les universitaires et les académiciens m'enjoindraient donc au silence plutôt que d'écrire des bêtises et de contaminer mes lecteurs avec. Cependant, j'aime l'aventure intellectuelle. Tant pis si je choque les personnes qui pensent que seuls les érudits ont le droit de faire état de leur savoir et de leurs méthodes ! On peut élaborer une pensée autonome, et la soumettre à ses concitoyens. Cela n'est pas réservé qu'aux érudits des grandes villes, comme le martèle Michel Onfray.

Je ne vise, dans ce livre et dans aucun de mes livres et textes, ni la perfection rhétorique ni la perfection des connaissances. Les idées, savoirs et méthodes que je présente ne valent toujours qu'au moment où je les mets sur papier. À ce moment-là, elles me semblent très bien. À ce moment-là je ne vois rien de mieux qu'elles. Je laisse aux universitaires le soin de transmettre les savoirs universels, valables en tous lieux et en toutes époques... Des savoirs olympiens, pour

---

1   Ce terme est défini p. 10.

nous mortels…

J'ai décidé donc d'aborder le domaine de la morale ! Et, comme toute aventure, je démarre mon entreprise avec quasiment rien. De toute ma vie je n'ai jamais lu un livre de morale, excepté en 2015 un livre du 19e siècle sur l'éducation catholique des enfants ! Je m'étais juste fait quelques réflexions, qui m'ont amené vers ma 25e année à définir la morale, mais intriquée dans ma définition de l'humanisme. Ainsi, l'humanisme, selon moi, est la somme

- de la morale, définie comme étant la volonté de *ne pas tuer* d'autres humains, car dans la Nature aucune espèce ne tue ses congénères volontairement ;
- de l'éthique : ne pas faire souffrir d'êtres vivants ;
- de la volonté de protéger la nature, sans laquelle nous ne pouvons pas vivre ;
- et du droit de chacun à la spiritualité : le droit de chercher, ou non, un sens à la vie.

Jusqu'à cette année, ma définition de la morale s'arrêtait là. Comme tout le monde, j'étais parvenu à la morale comme volonté de se questionner, mais sans plus. Depuis mon adolescence j'évitais sciemment de rentrer dans le domaine de la morale, domaine qui pour moi ressemblait à une sorte de débarras où l'on aurait remisé toutes les vieilles traditions, pratiques, coutumes, lois abandonnées parce que incompatibles avec la modernité : règles de bienséance, de bien-pensance, de bonne conscience, de conformisme. Parmi ces vieilleries, « l'objecteur de conscience », expression terrible qui pour moi concrétisait la morale : la mise au ban de ceux qui ne pensent pas pareil, qui ne pensent pas comme tout le monde et qui ne veulent pas faire comme tout le monde. J'avais conscience que cet ensemble de règles falotes régissait encore plus ou moins la vie des Français. Mais durant mon enfance et mon adolescence je suis passé d'un pays à l'autre, et il ne m'a pas semblé nécessaire de vérifier mes préjugés sur la morale. Je voyais bien que dans chaque pays les habitants se comportaient un peu différemment, et il y avait tellement à voir, dans les pays d'Asie et d'Océanie, qu'observer cette diversité me suffisait. Je n'ai jamais eu l'envie de chercher les racines comportementales des habitants des pays que je traversais – étant adolescent puis jeune homme j'avais d'autres priorités. Le pourquoi de ces comportements, la morale donc, propre à chaque pays mais aussi à notre nature humaine, est restée pour moi un continent inexploré.

Il faut que le lecteur comprenne les implications de cette morale aperçue mais restée inexplorée. Résumons : J'ai choisi de vivre avec une définition floue, lointaine et superficielle de la morale d'une part parce que je n'avais pas envie d'aller « au fond de l'âme » des peuples que je rencontrais au cours de ma vie. Et d'autre part parce que je pressentais que, en ce qui concernait la France, la morale contenait des choses vieillottes et brimantes, mais surtout des choses responsables de l'immobilisme apparent du pays, pays qui semblait ne jamais évoluer quand ma famille et moi y revenions une fois par an pour les vacances. Je pressentais notamment que la morale servait à contrôler les individus : la morale comme boîte à outils de contrôle des individus entre eux et des supérieurs envers les inférieurs, pour garantir le conformisme des paroles et des actes, pour garantir les hiérarchies et les pouvoirs en place. Pour garantir que rien ne change (l'immobilisme apparent). La morale comme une sorte d'ensemble de lois non écrites mais qu'il aurait quand même fallu respecter sous peine d'être maintenu à l'écart de certaines choses ou occasions. En bon scientifique, à partir de 18 ans je jugeais tout cela rétrograde et superflu, puis je réduisais sept ans plus tard la morale au seul « ne pas tuer d'êtres humains », je l'emballais dans ma définition de l'humanisme et je m'en portais très bien.

Mais cette décision, consciente, a maintenu entre moi et les habitants de la France une sorte de barrière. De même que je n'ai pas d'éléments d'histoire commune (films, musiques, évènements, modes) avec les Français de mon âge, je ne partage pas leur « fond moral » si je puis dire. Quand je vivais en Allemagne, je ressentais la même chose vis-à-vis des Allemands : pour moi le fond du fond du pourquoi une personne prend telle décision plutôt qu'une autre lorsqu'il était question de « bien » et de « mal » me demeurait étranger.

Avec le recul dont je dispose maintenant, je constate que mon ignorance du fond moral des habitants de Hong Kong ou d'Allemagne faisait que je les respectais. Je me disais « que les gens ont de bonnes raisons pour faire ce qu'ils font ». Mais, envers la France, cette même ignorance a fait que j'ai eu, et que j'ai encore, des difficultés à respecter ce pays[2]. À respecter ses habitants – mes compatriotes. Pourquoi ? Peut-être parce que mes parents eux-mêmes n'étaient pas satisfaits de la France et qu'ils ont décidé de partir travailler à l'étranger pour vivre une vie meilleure. Le fait de devoir quitter la France pour vivre une vie meilleure était pour moi la preuve que le fond moral de la France n'était pas suffisant. La France a longtemps été pour moi le pays gris de l'immobilisme – gris parce que, y revenant pour les mois d'été, en arrivant à Orly ou Charles de Gaulle, le gris du béton et le gris du ciel nous accueillait toujours. Aujourd'hui encore, par rapport à la Nouvelle-Calédonie, à Hong Kong, à Tahiti, à l'Allemagne, je considère que la France possède une énergie vitale faible.

Ce faible niveau d'énergie vitale, de volonté de vivre, est peut-être causé par certaines caractéristiques de la morale française – s'il existe une morale française. Une morale qui justement, vue de l'étranger, me semblait être plus de l'ordre des mots et des idées vagues que de la réalité concrète, précise et agissante. Ce flou, justement, ne me donnait pas envie d'en savoir plus.

Revenons donc au cœur du sujet.

---

2 Mon livre *Réflexions politiques* est l'expression de ce désarroi.

« Connaître les gens ». Chercher à comprendre la morale de quelqu'un, c'est chercher à le connaître à la fois dans son intériorité et dans son extériorité : car la morale semble être cette chose qui régule la vie intérieure comme la vie sociale. Mais, plus généralement, quand peut-on dire qu'on « connaît » les gens ? Je pense qu'on peut dire cela quand on a vécu avec eux certains évènements : le partage d'évènements du quotidien ou d'évènements extraordinaires. Les expériences partagées fondent les amitiés et les sociétés. Les grands événements partagés, la guerre, la paix, la famine, l'opulence, fondent et délimitent une société. Dans cette société, même si certains individus décident de diverger et de ne pas « faire comme les autres », ils décident cela *par rapport* à tel ou tel grand évènement fondateur de la société, ou par rapport à une idéologie ou à une politique qui s'étale dans toute la société. Ils divergent par rapport à ; ils se définissent donc par rapport à. Les « soixante-huitards » par exemple n'existent pas sans le gaullisme.

Je vis à nouveau en France depuis cinq années, donc maintenant je dispose d'un certain nombre d'évènements vécus en commun avec tous les Français. Évènements par rapport auxquels certains ont choisi de réagir ainsi et d'autre de réagir comme ceci ou comme cela. Et donc via ces décisions j'ai vu ce que les gens considèrent comme bien ou pas bien – avis qui divergent bien sûr, avis qui délimitent des groupes et des espaces. Je connais donc maintenant, pour certains thèmes en lien avec certains évènements, le *champ moral* de la France – c'est-à-dire l'amplitude des opinions et des comportements. Et je partage aussi ce *fond moral* commun (petit certes, de juste cinq années), qui est l'ensemble des évènements passés par rapport auxquels les paroles et les actes ont été faits. Pour ces thèmes, la loi sur le mariage pour tous ou la lutte contre le terrorisme islamique par exemple, le fond du fond du pourquoi des décisions des Français ne m'est plus étranger.

Partir à la recherche de la morale française, c'est pour moi essayer de comprendre mes compatriotes. Bien que je ne me sentirai jamais complètement français. Une grande part de moi dépend autant, si ce n'est plus, des autres pays dans lesquels j'ai vécu.

À la recherche d'un excellent point de repère

Mon bon sens me dit que toute personne est capable de bon sens ! Et le principe de tolérance me dicte de ne pas juger les opinions des uns et des autres (car il faut de tout pour faire un monde). Bon sens, tolérance et non-jugement : voila trois vertus morales me semble-t-il. C'est « bien » de les appliquer, mais c'est encore mieux d'avoir conscience des limites de ces vertus ; de là où elles s'arrêtent. Là où il y a des problèmes d'éthique, c'est-à-dire de souffrance engendrée par une personne sur une autre personne, et là où il y a de l'amoralité, c'est-à-dire du meurtre et de la mise en danger de la vie d'autrui, ces trois vertus de bon-sens, de tolérance et de non-jugement ont quitté la scène. Nous pouvons tous constater que certaines personnes, par leurs paroles et par leurs actes, font souffrir d'autres personnes directement ou indirectement. Que ce soient les violents ou les indigents, les chauffards, les vendeurs menteurs, les fonctionnaires incompétents... bref toutes ces personnes qui nous font perdre notre temps, notre argent, notre santé. Il faut se protéger de leurs méfaits, méfaits volontaires ou non : ils mettent notre existence en danger. Et quand est-ce que la tolérance devient amorale ? Quand elle devient tolérance totale. On accepte que tout soit permis, ce qui est en fait de l'anarchisme (ou du nihilisme ce qui revient au même, car quand tout se vaut, rien ne vaut). Tout tolérer, ou n'accorder de valeur à rien, ne sont guère différents d'une pathologie psychiatrique : l'incapacité à se contrôler soi-même. Et certain malades, en plus, osent proclamer que renoncer à se contrôler soi-même serait un droit.

Mon aventure à la recherche de la morale française démarre donc ainsi : voyons s'il est plus facile de discerner ce qu'il ne faut pas faire, plutôt que de discerner ce qu'il faut faire. Voyons comment reconnaître les limites à ne pas franchir. Quand une vertu devient-elle un vice ?

Cher lecteur, je pense que comme moi vous vous sentez un peu perdu, arrivé à cette étape de l'aventure. Vous savez comme moi que, sans même le connaître, le champ de la morale est un champ gigantesque. Chacun, avec ce que la vie amène de prévue et d'imprévu, se fait son expérience et parvient à identifier ces limites plus ou moins clairement, plus ou moins rapidement surtout. Quand on pense morale, il nous vient tous en tête le mot de liberté. Qu'est-ce que la liberté, quand commence-t-elle, quand finit-elle ? Est-il légitime qu'une liberté engendre une souffrance ? Est-il légitime de restreindre la liberté ? Voilà des ébauches de question dont on pressent qu'elles annoncent des exposés et des démonstrations particulièrement longues et ennuyeuses. Ça donne envie de dormir toute cette théorie ! Est-ce mieux en collant au plus près de la réalité ? En étudiant des cas concrets et des réponses morales concrètes ? Mais la réalité est complexe, et il est impossible de généraliser l'expérience acquise par une personne dans une situation.

Le champ de la morale est immense et moi, et vous, cher lecteur, nous sommes de petits points. Nous sommes minuscules face à une immense bibliothèque contenant les milliers de livres écrits par les moralistes, par les philosophes penseurs de la morale, par les policiers, juges et avocats qui la mesurent « sur le terrain » chaque jour, par les victimes, par les tueurs, par les sadiques, par les observateurs passifs. Nous sommes tout petits. Donc il faut que nous devenions plus grands. Il nous faut lire un bon livre pour que nous augmentions notre propre expérience de vie, en y ajoutant l'expérience d'un autre. Agrandissons-nous pour rehausser la hauteur de notre vision, ainsi que sa précision. Pour s'aventurer sur le continent de la morale, il faut s'équiper d'une vision à la fois lointaine et précise. La vertu et le vice se laissent, sur papier, distinguer nettement l'une de l'autre. Mais dans la réalité, pris que nous sommes dans le mouvement inaltérable du temps, justement cette différence n'est pas toujours visible. Surtout quand les enjeux sur des temps courts sont confrontés à des enjeux sur temps long et vice-versa, et quand similairement le spatialement petit est confronté au spatialement grand et vice-versa[3].

J'ai donc choisi, pour mieux connaître les Français, pour partir à la recherche de la morale française, de m'augmenter moi-même en lisant *Une morale sans moralisme* de Jean-Marie Domenach, Flammarion, 1992.

C'est le titre de l'ouvrage qui m'a attiré. Le moralisme est une attitude ambiguë. Le moraliste est la personne qui donne les leçons de moral. Elle revendique de facto de posséder les seules définitions du bien et du mal qui soient valides. Dans certaines situations, cette personne aura raison d'invectiver les gens à se comporter comme ceci ou comme cela, mais dans d'autres situations elle aura tort. Dans le petit livre d'éducation chrétienne[4], très moraliste, j'ai trouvé des

---

3   Élus verbeux et marchands charlatans aiment tout particulièrement nous prendre en tenaille entre ces deux échelles de temps ou d'espace, pour nous faire agir à leur guise. Ils nous coincent entre d'un côté le présent, ou l'ici, qu'ils font tout pour présenter de façon négative, afin de créer en nous le besoin de sécurité, de contrôle, de plaisir, etc. Et de l'autre côté ils pointent du doigt le futur, ou l'ailleurs, nécessairement incertains, et à cela nous ne pouvons qu'acquiescer, car par définition le futur et l'ailleurs sont incertains. Le temps présent devient alors prison, prison dont seul l'élu verbeux ou le charlatan a la clé, clé qu'il faut acheter en payant ou en donnant sa voix ! Dans le flux de la discussion, nous avons perdu de vu que le présent n'est pas une prison.

   Je pourrais, à ce stade de ma recherche, tenter cette définition de la morale : que la morale serait d'avoir conscience que le temps présent n'est jamais une prison.

4   *Je suis trop grand pour obéir. Histoires dédiées aux écoliers du 20e siècle*, 94 p. Maison Saint-Joseph, Lille, auteur et date de publication ne sont pas mentionnés sur l'ouvrage. De ce livre je retiens cette prescription très 19e siècle que l'auteur adresse aux pères : « De 0 à 10 ans fais en sorte que ton enfant te craigne ; de 10 à 20 ans qu'il te respecte ; au-delà, sois pour lui un ami ». Dit autrement : autorité pour enseigner les règles de vie élémentaires ; se faire res-

prescriptions censées et d'autres infondées. Je vois là, déjà, quelque chose d'essentiel : que les personnes qui utilisent la morale prétendent à une certaine forme d'universalité du bien. Effectivement, cette prétention paraît légitime, car nous sommes tous des êtres humains avec les mêmes besoins et le même désir d'épanouissement. Mais les situations, elles, sont diverses et variées. Avec ce titre, Domenach annonce donc vouloir relever un lourd défi : proposer une morale valable en toute situation, quand bien même les situations sont extrêmement diversifiées. En tant que directeur de la revue Esprit, on s'attend à ce que l'auteur dépasse bien sûr les expressions et formules de morale de la vie quotidienne, trop banales ou trop triviales pour aider à la décision pour l'action. Avec ce titre, et sans rien connaître de l'auteur, Domenach m'est alors apparu comme le professeur espéré d'une morale subtile : une morale qui ne crée pas d'objecteurs de conscience. Une morale qui n'est pas un vieux truc falot ! Ouf ![5]

---

    pecter en montrant l'exemple (et non en usant de la force ou de la colère) ; se comporter d'égal à égal – respect mutuel. Sans adhérer totalement à ces prescriptions, au moins peuvent-elles servir de point de repère.

5   En fait, c'est l'étude de ce livre qui m'a fourni l'occasion de réfléchir à la morale, en longueur, pour la première fois de ma vie. Mieux vaut tard que jamais ! Avant cela j'avais des notions de bien et de mal, vis-à-vis des autres individus et vis-à-vis des animaux, mais elles étaient presque toutes issues de mes lectures sur le bouddhisme et, bien sûr, de mon cadre familial et scolaire. Ce livre m'a permis de réfléchir à la morale sans qu'elle soit une sous-composante d'une spiritualité, et de façon plus poussée que la morale élémentaire – saine, indispensable, efficace mais élémentaire – que m'ont transmis parents, famille et école.

II. Méthode de travail

Choisir le bon livre pour découvrir un domaine

Un penseur dont j'ai oublié le nom disait que le premier livre que vous lisez sur un thème nouveau devient inévitablement votre point de repère pour ce thème. D'où l'importance de bien choisir ce premier livre. Pour mon premier livre de morale, en choisissant Domenach, j'espère avoir fait un choix honorable : à la lecture des premières pages, je vois qu'il est vraisemblablement catholique et politiquement de droite. On peut donc critiquer ses positions, qui ne sont pas cachées, mais sa rigueur et son expérience, incontestables, transparaissent dès les premières pages.

Comment apprendre d'un livre

Je prends rigoureusement des notes des livres dont j'attends un enseignement fiable. J'ai plusieurs fois craint que n'arrive le moment quand, ayant pensé et repensé par moi-même durant plusieurs années, je n'arrive plus à apprendre des autres. Il est important d'avoir l'esprit critique, de juger par soi-même, de penser par soi-même, mais ce faisant ne ramène-t-on pas toujours tout à soi-même ? N'en vient-on pas à s'enfermer dans ses façons de voir le monde et de le penser ? Il faut donc *se garder que les habitudes de pensée ne prennent l'apparence de la réflexion*. On peut s'enfermer dans les résultats de nos réflexions, car c'est d'une douceur facile : répéter, redire, réutiliser ces résultats ne demande quasiment aucun effort par rapport à l'acte de réflexion initial qui fût nécessaire pour les faire advenir.

Quand je prends des notes, j'utilise donc un « mécanisme » de contrôle pour éviter que je ne m'enferme dans mes pensées. Je me demande si la note que je vais rédiger flatte, soutient, renforce, agrandit ou prolonge une pensée personnelle que j'aurais auparavant ou par ailleurs développée. Est-ce une nouveauté totale ou partielle, importante ou peu importante ? Est-ce un fait nouveau, une pensée nouvelle ou une structure de pensée nouvelle ?

On ne peut pas tout retenir d'un livre. Comment donc faire la part des choses entre les nouveautés importantes qu'il nous amène et les « petites » nouveautés ? Là, point de mécanisme de contrôle : je fais comme je le sens. Et si je rate quelque chose d'important, tant pis ! Mes notes n'ont d'importance que pour moi ; un autre lecteur en aurait fait d'autres, relevant là un point que j'aurais occulté, ignorant ici un point que moi j'aurais pris la peine de considérer. Il y a donc dans le choix de mes notes à la fois de l'intellectuel et de l'émotionnel, de « l'intuition » pourrait-on dire (bien que je n'aime pas ce terme). Est-ce si regrettable que ma prise de note ne soit pas uniquement rationnelle ? En fait, vous voyez qu'il est rationnel de ne pas être entièrement rationnel, n'est-ce pas ? Car lorsqu'il s'agit d'aborder un domaine nouveau, on ne peut pas être entièrement rationnel. Face à l'inconnu nous réagissons d'abord *émotionnellement*. La réaction émotionnelle face à l'inconnu est un réflexe, qui est hérité de notre passé biologique (la réaction émotionnelle permet d'agir bien plus rapidement que ne le permet une réaction intellectuelle avec analyse, déduction et choix de l'action appropriée). Par exemple, quand on regarde un film pour la première fois, on remarque les moindres petites expressions des acteurs. Même les plus anodines prennent une importance capitale dans l'intrigue du film (un sourire mal terminé, un geste trop vite achevé, la direction d'un regard...). Tout bon réalisateur sait utiliser ces « micro-gestes ». Mais en visionnant le même film une seconde fois, nous ne remarquons plus spontanément ces détails, car notre intellect est à l'œuvre. Il analyse et teste la cohérence du film. Pour remarquer à nouveau ces micro-gestes, nous devons nous préparer consciemment à les revoir.

Revenons à la prise de notes. Celle-ci peut donc être exclusivement intellectuelle à partir du moment où nous avons quelque expérience avec le thème abordé : les notes servent alors à affiner, à compléter, à agrandir, à solidifier les structures de pensée – structures que nous aurons acquises par notre première lecture ![6]

---

6   Une remarque, comme ça, juste en passant : bien sûr, la prise de note à partir d'un livre universitaire ou technique doit être exclusivement rationnelle. Qui dit livre universitaire dit savoir universel dit rationalité donc prise de note rationnelle. Universel = rationnel. Qui aurait l'audace d'être ému par la biochimie des parois cellulaires végétales, par exemple ? Ou par le processus d'oxydation des métaux en milieu aqueux ? L'émotion ne sied pas au savoir universel. À juste titre, et par définition, car il est au-delà de toute opinion personnelle, de toute volonté. D'ailleurs, les scientifiques qui construisent et enseignent les savoirs universels font tellement la chasse aux émotions, qu'ils ne trouvent plus assez d'étudiants motivés pour faire des sciences ! Il est difficile de s'intéresser à quelque chose quand on décourage les émotions à son égard. En science, les émotions sont taboues. Et puis, comble de la rationalité, aujourd'hui pour entrer à l'université vous n'avez même plus besoin d'en avoir envie : l'admission se fait désormais par tirage au sort. C'est le hasard. Et comme le hasard est objectif, il est aussi rationnel, ce qui convient très bien aux scientifiques. Certains élus de la nation ont décidé que, désormais, l'accès aux savoirs universels se ferait via le hasard ! Quand la vertu de la rationalité devient un vice…

III. Notes commentées de *Morale sans moralisme*

Qu'est-ce que la morale ? Voici donc les positions de Jean-Marie Domenach sur des domaines divers et variés : politique, guerre, international, médecine, etc. Écrit de façon quasiment autobiographique, ce livre est l'héritage intellectuel qu'il nous transmet. Merci à vous, Jean-Marie.

Les numéros de page sont ceux de l'édition d'octobre 1992 de *Morale sans moralisme*, et les titres sont ceux de l'auteur. Quand cela m'a semblé nécessaire, j'ai adjoint à la note des commentaires personnels. Bien sûr, mes commentaires ont pour seule utilité de vous inviter à réfléchir par vous-même aux propos de Jean-Marie Domenach.

Ce livre va-t-il m'aider à voir plus loin et plus précisément dans le champ de la morale ? Et Domenach va-t-il produire des éléments de morale que je pourrais qualifier de morale typiquement française ? Pour chaque question, j'ai bon espoir que oui.

Introduction

```
p. 17 Jean-Marie Domenach : Dans la vie privée
comme dans la vie politique, lorsqu'on laisse se
créer des situations intolérables, on en devient
prisonnier puis victime.
```

Injustice et hypocrisie comptent parmi les situations intolérables, car on en devient prisonnier puis victime. Pourquoi de telles situations se créent-elles ? Comment les prévenir ? Quels sont les signes avant-coureurs ? Pourquoi laisse-t-on faire ?

> p. 18 Le danger qu'il y avait à bourrer de morale la politique [...] deux idéologies : la France devait continuer d'apporter les lumières à ses colonies et que son départ les replongerait dans l'obscurantisme. L'autre, que la France reniait ses valeurs en opprimant et brutalisant les peuples colonisés.

Politique et morale ne font pas bon ménage, d'une part car aucun élu ne peut se targuer d'être vertueux : un autre élu, qui lui est opposé, aurait vite fait de pointer ses défauts. D'autre part, l'usage de la morale en politique conduit à polariser les options (« ceci est bien, cela est mal »), ce qui peut parfois masquer une partie du champ des possibles. Domenach illustre cela avec la fin des colonies françaises.

Dans les colonies le statut d'indigène n'était pas tenable d'un point de vue humaniste. Domenach écrit à la suite de cet extrait qu'il n'y avait pas d'autre choix que la décolonisation. Pour autant, il me semble qu'abandonner les colonies françaises n'était pas la voie idéale. L'abandon n'était pas moralement le meilleur choix. Voyez dans quelle misère ces pays sont aujourd'hui. Il aurait fallu une mise à égalité des colonies avec la métropole, en intégrant les cultures locales, et créer une sorte de « fédération des nations humanistes et francophones ». Ni la servitude, ni l'abandon, mais une troisième voie, difficile mais possible (voir les cas de la Nouvelle-Calédonie et de Tahiti) ; les deux autres voies étaient les voies de la facilité. Si nous avions relevé le défi de la troisième voie, qui était un défi humaniste audacieux, il existerait aujourd'hui une fédération internationale du Nord au Sud et d'Est en Ouest de pays avec une même culture humaniste, avec un même niveau de vie. Le monde serait différent si la France avait été véritablement humaniste avec ses colonies ; si elle en avait fait l'effort. Imaginez une année 2017 dans laquelle les niveaux de vie en France, au Madagascar, au Vietnam, au Maroc, en Tunisie, en Algérie… seraient identiques ! Le monde serait différent. Le terrorisme islamique n'existerait peut-être pas.

Mais ce n'est là que mon imagination, car, comme le montre Jean Ziegler[7], les guerres et les massacres que la France a fait pour s'accaparer ses « colonies » ne peuvent pas être oubliés. Nos ancêtres étaient arrogants, cruels et va-t-en-guerre, nos grand-parents étaient arrogants. Ni les premiers ni les seconds ne voulaient entendre la voix de la raison ou la voix de l'humanisme. Que signifie la guerre d'Algérie ? Elle signifie qu'en 1961 nous accordions plus de valeur à l'effort de guerre qu'à l'effort de paix. On ne refait pas l'histoire, et aujourd'hui les pays du Sud se vengent en nous envoyant des centaines de milliers de « migrants », miséreux, parce que la misère de leur pays est entretenue à dessein par le FMI et l'OMC – organes faussement démocratiques qui perpétuent la pensée capitaliste colonialiste et esclavagiste. Les pays décolonisés n'ont aujourd'hui ni les moyens techniques ni l'argent pour lutter contre nous, contre notre comportement néo-esclavagiste, mais ils ont leur population, nombreuse. Tout simplement. Les « blancs » ne représentent que 12,8 % de la population mondiale ; nous sommes donc voués à la disparition et nous ne pouvons pas nous en plaindre parce que nos ancêtres, *dont nous profitons de l'héritage aujourd'hui encore*, ont exterminé des millions d'êtres humains. La déclaration du candidat futur président Macron, en Algérie, que la colonisation est un crime contre l'humanité, fût très mal accueillie d'une part, et d'autre part des mots ne peuvent plus rien changer, c'est trop tard. Le livre de Michel Onfray, *Décadence*, vient à point nommé : le philosophe explique la fin de notre civilisation chrétienne, capitaliste et colonialiste, qui aujourd'hui encore préfère la guerre ou le blocus économique au dialogue et à l'évolution des habitudes des uns et des autres. Onfray et Ziegler se rejoignent. Si morale française il y a, je veux croire que celle-ci

---

7   Jean Ziegler, *La haine de l'occident*, Albin Michel, 5e édition 2016

serait au-delà du désir de guerre. Mais nous vendons des armes aux pays pauvres ; nous apprécions donc encore le goût du sang. Nous sommes immorals.

> p. 19 La gauche profitait des malentendus sur la liberté, sans voir que l'émancipation à laquelle elle fournissait des encouragements verbaux et légaux, allait se retourner contre elle, car la logique de l'individualisme conduit au conformisme passif, non pas à l'engagement militant ; au libéralisme, non pas au socialisme.

> p. 20 Si la morale fonde la démocratie et lui permet de fonctionner, elle n'est pas [pour autant] démocratique mais élitaire [...] « démocrate », c'est-à-dire égalitaire et respectueux des sottises et des impostures de ceux qui parlaient au nom du peuple.

La morale n'est jamais une évidence, n'est jamais un fondement toujours existant. Elle n'existe que par les personnes qui la portent. Et il faut se méfier des morales qui se prétendent objectives et universelles : elles se fourvoient en dépassant rapidement leurs limites, pour devenir soit des anarchies soit des dictatures.

> p. 22 Secouée de violences, suffoquée de dégoût, notre société retrouvera une morale ou cessera d'exister.

Le président Macron semble vouloir ramener la France à la morale. L'avènement de ce président que l'on qualifie d'autoritaire n'est pas surprenant ; Jacques Chirac prévoyait une telle issue après un président et un gouvernement qui auraient été trop laxistes[8]. Comme le

---

8   UDR 75, Chirac et coll., *L'enjeu*, programme de l'UDR 1975, Presses pocket, 1975.

dit le lieutenant-commandant William T. Riker dans la série *Star Trek Entreprise*, « responsabilité et autorité vont de pair ». Domenach appuie l'idée que la morale se décline en autorité pour agir.

On en a mis partout

> p. 25 [Nous avons] plus d'autonomie, d'espace et de biens qu'autrefois ; [nous ne sommes] plus lié à l'obéissance et aux générations précédentes [...] mais [l'individu moderne] subit une servitude sociale lourde médiatique et mimétique via la technologie complexe et l'offre de services.

Michel Onfray dit que 1968 était le meurtre du père, et que maintenant notre société est devenue infantile. Comme si de la servitude envers les plus âgés, nous étions tombés dans la servitude de notre propre infantilisme. Comme la personne qui refuse l'éducation à la santé tombe dans la servitude de la maladie.

Et cette servitude à nos désirs de toujours faire moins d'effort physique et intellectuel, à nos désirs de toujours faire tout plus vite et plus simplement est devenu notre mode de vie. Et ce mode de vie s'étend maintenant d'un bout à l'autre de la planète. Nous somme tous devenus des consommateurs américains.

Si le prix à payer pour plus de liberté par rapport à hier est l'infantilisation, est-ce une bonne évolution ? Je crois qu'ici l'enjeu moral est de mettre en lumière cette infantilisation, qui va de pair avec la servitude technique, de la dénoncer et de proposer des moyens pour ramener la technique à ce qu'elle est : un vulgaire *moyen*.

> p. 30 La morale devrait être science de l'action, comme Hegel dit de la politique qu'elle est science de la volonté.

Si on ne lie pas l'action à la parole, on n'est pas dans le discours moral mais dans la démagogie.

« Si je savais bien parler »

> p. 33 La parole [doit reprendre] contact et vigueur dans l'action, sinon elle tourne à vide, elle devient creuse, hypocrite, cynique et finalement nihiliste. Alors la morale se fait mensonge et tromperie.

Donc ne faire que lire, se retrancher dans les livres, se contenter de réfléchir sans agir par ailleurs, rend cynique.

Cela nous ramène vers Michel Onfray, pour le critiquer. Lui critique abondamment les philosophes qui se détournent de la réalité dans l'espoir de trouver la vérité dans le pur monde des idées. Mais à ma connaissance lui-même ne fait que lire et écrire ! Il ne met pas en pratique sa philosophie. La morale des philosophes qui dans leur vie n'ont jamais fait de travail concret ne vaut rien ; elle ne sert à rien ; les écouter est une perte de temps. Pire : elle peut faire du mal, elle peut rendre méchant. Méfiance donc, quand vous lisez quelqu'un qui a perdu contact avec le réel. Mon message à Onfray : allez travailler de vos mains ! Un peu d'effort physique vous fera, en plus, désenfler. Votre philosophie s'en trouvera améliorée, car elle tourne en rond ses derniers temps. Elle est prévisible. La multiplication de vos publications n'y change rien – n'est pas le remède. Changez, Michel ! Ne soyez plus celui que maintenant tout le monde connaît bien. Vous-même écrivez qu'on a la philosophie de son corps. Maigrissez et essayez les dreadlocks par exemple !

Ce qu'écrit Domenach concorde tout à fait avec ma compréhension de la sagesse : la sagesse comme succession des états intellectuel, émotif et agissant (succession dans n'importe quel ordre). On ressent, on réfléchit, on agit, et on passe de l'un à l'autre : c'est cela la sagesse. Que vaut la morale d'une personne qui se cantonne à l'un de ses trois domaines et exclut les deux autres de sa vie ? Voyez les scientifiques qui, pour pouvoir faire de l'expérimentation animale, pour pouvoir créer des utérus artificiels, vont jusqu'à inventer le concept de « droit à la connaissance ». Voilà la preuve que la logique peut être utilisée pour tout justifier. Ces scientifiques sont enfermés dans le mental, et ils en viennent à justifier le mental par le mental. À justifier une idée par une autre. De même que les émotions peuvent être invoquées pour tout justifier. De même que les nécessités matérielles.

La morale ne peut donc pas appartenir à *un* de ces domaines ; la morale doit prendre en compte simultanément ces trois domaines – elle n'est donc pas de l'ordre de l'intellect, ni de l'affect ou de l'action, elle est d'un autre ordre. La morale est du même ordre que la sagesse.

Cela signifie aussi que, à priori, la morale n'est pas l'affaire de tout le monde : que certaines personnes, trop focalisées dans la réflexion ou dans l'émotion ou dans l'action, n'ont pas une expérience de vie d'envergure suffisante pour pouvoir statuer sur ce qu'il serait bien de faire ou de ne pas faire. Ces personnes « spécialisées » sont inaptes à décider. La morale est affaire de personnes équilibrées.

Cette dernière déduction contredit une de mes affirmations du début de cet ouvrage : que n'importe qui est en mesure de définir la morale. Voilà qui est anti-humaniste, n'est-ce pas ? Déduire de but en blanc que certaines personnes sont inaptes à décider de ce qui est bien ou mal équivaut presque à du racisme. Ce n'est pas « politiquement correct ». À première vue. Il est certes difficile d'imaginer une personne moralement inapte vivant une vie sociale « normale ». Une personne moralement inapte finit soit dans une prison soit dans un asile (ou avec une camisole chimique). Mais il est facile, et avéré, de rencontrer des personnes qui refusent de prendre des décisions parce qu'elles refusent de porter la responsabilité qui va avec. Ce sont les fameux « ventres mous », les suiveurs, les « bénis oui-oui » et les « je m'en foutistes ». Or refuser les responsabilités, n'est-ce pas refuser la morale ? Du refus de la morale à l'inaptitude morale, je crois qu'il n'y a qu'un pas.

Certes, ma pensée est encore trop brute. Je peux la raffiner, en déclinant l'inaptitude morale. Ainsi, il y aurait des personnes moralement inaptes quelle que soit la situation et des personnes moralement inaptes dans *certaines* situations. Allons plus loin : chacun de nous est moralement inapte dans certaines situations. C'est la distribution gaussienne : la majorité de la population est moralement inapte dans un petit nombre de situations et une minorité est inapte dans un grand nombre de situations. Je renvoie le lecteur aux nombreuses expérimentations psychologiques de subordination / autorité pour étudier les conditions d'abdication de la morale. Je renvoie aussi le lecteur à Hannah Arendt, qui a mis en lumière la banalité du mal.

```
p. 36 Pas plus qu'une maladie grave, on n'ose
appeler le Mal par son nom. Adultère se dit
permissivité ou nomadisme sexuel. Avortement se
dit « interruption volontaire de grossesse ».
Escroquerie se dit « erreur de gestion ». Erreur,
en langage de journaliste, se dit « faute
d'impression ». Irresponsabilité et dérobade se
disent, en langage syndical, « solidarité »…
Nommer correctement est à la fois un acte de
justice et un acte de courage. Doublement
vertueux.
```

On reconnaît ici la « novlangue » des élus de gauche : mots composés et expressions qui sonnent scientifique, plutôt que des mots simples. Cela sert à impressionner l'interlocuteur et à faire croire qu'on appartient à une classe sociale très cultivée… Au-delà de l'opinion personnelle de Domenach, cette note nous rappelle que les mots ne sont jamais anodins. Le choix de tel ou tel mot plutôt qu'un autre pour désigner un phénomène est orienté par les objectifs du parleur. Les mots ne sont jamais totalement neutres. Ainsi, un auteur dont j'ai oublié le nom écrivait : « Quand vous lisez un texte, demandez-vous toujours qui est l'auteur, pourquoi il écrit ce texte et pourquoi il l'écrit de cette façon-là ». Et j'y rajoute opportunément la petite méthode de Michael Polanyi du dialogue libre : toujours exposer en premier les faits, puis son opinion et finir par ce que l'on ressent (par les émotions).

```
p.36 Consolation, conseil, exhortation : telles
sont    les    voies    principales    du    discours
moralisateur.    Aveu,    confession,    pardon,
reconnaissance [...] sont les voies principales par
lesquelles la parole opère moralement.
```

On reconnaît là Domenach le penseur chrétien. Au moins sais-je maintenant ce que les Français avaient dans la tête avant la libération des mœurs et de la morale en 1968. Ces voies de la morale étaient pour toute la France, majoritairement catholique, des références communes. On allait « à confesse », on faisait pénitence. Ce que l'on faisait était bien ou mal *au regard de Dieu*. Aujourd'hui, toute cette culture chrétienne n'existe quasiment plus. Dieu était aussi le grand horloger qui règle le monde ; plaire à Dieu c'était se conformer à l'ordre du monde. À quoi nous conformons-nous aujourd'hui ? À la Nature ? Non, car même si nous parlons beaucoup d'elle, nous ne faisons que la chercher. « Eh toi, tu as vu la Nature ce matin ? Non, elle était là, mais elle n'y est plus, elle est certainement là-bas encore pour quelque temps... » Aux Droits de l'Homme ? Oh que non ! Si c'était le cas, il n'y aurait plus de scandales économiques, sanitaires, médicaux, diplomatiques... La morale chrétienne avait pour elle l'avantage de sa présence : Dieu avait dit que... il faut faire ceci et pas cela. C'était relativement simple. En 1968 le bébé a été jeté avec l'eau du bain : Dieu et le Christ étant des fables construites, servant à imposer les volontés puériles et égoïstes du clergé, on s'en est débarrassés pour de bon. Mais cette liberté nouvellement acquise se paie maintenant d'un doute omniprésent. Est-il bon de faire ceci ? Est-il mal de faire cela ? Faut demander la réponse à un avocat. Ou à un expert comptable. Bref, nous ne référons plus à une morale absolue. Nous assumons que la morale est *notre* création. Aux États-Unis c'est différent : la croyance en Dieu est inscrite sur les billets de Banque ; le président prête serment devant Dieu, et Dieu, la religion, sont considérés comme les fondements de la morale.

Donc si morale française il y a, aujourd'hui, elle prend la forme d'un questionnement moral incessant, dont on sait que les réponses ne pourront pas être définitives (la morale divine, elle, était définitive).

```
p. 39 À la différence de certains prêcheurs qui
finissent par ne plus croire en ce qu'ils disent,
l'imposteur [est persuadé de ce qu'il dit] [...] Dès
lors le doute (qui saisit ceux qui démasquent
l'imposteur) ne porte plus sur la véracité de ses
propos mais sur la vérité elle-même et sur la
capacité du langage à la communiquer.
```

Domenach nous livre ici une méthode utilisée par les imposteurs. L'imposteur contredit ceux qui mettent à jour ses objectifs en arguant qu'il existe plusieurs vérités (« pourquoi *une seule* vérité ? ») et que certaines de ces vérités sont particulièrement difficiles à transmettre, à expliquer, qu'il faut des « aptitudes spéciales » pour cela. Aptitudes que lui possède, mais pas vous, donc vous ne pouvez pas le juger… Ainsi agissent les charlatans, les publicitaires et les politiciens : ils nous détournent de l'essentiel et nous obligent à accepter leur opinion parce que, bien éduqués que nous sommes, ils parient que nous leur accorderons le bénéfice du doute.

Ce pouvoir de discernement que Domenach met ici en œuvre (distinction entre véracité des propos, vérité et capacité du langage à communiquer) est remarquable : voilà de la qualité intellectuelle dont il faut s'inspirer !

Il n'y a pas de morale sans doute, comme je l'ai écrit plus haut. Mais utiliser l'argument du doute est parfois immoral. Prenons l'exemple de la stratégie de communication de l'industrie du tabac et de l'industrie des pesticides. Conscients de la nocivité de leurs produits, ces industries concentrent leurs efforts de communication dans une seule stratégie : celle d'insinuer le doute. Insinuer le doute parmi la population et surtout parmi les maires, les députés, les ministres, etc. Et parmi les différentes formes de doute qui existent, ces industriels veulent nous faire croire que leurs produits font l'objet d'un doute *qui est normal dans l'évolution des connaissances scientifiques*. « Un doute, certes, mais un doute légitime et scientifiquement valide » nous disent les porte-paroles et les avocats des industriels. Ne vous laissez pas berner ! Les controverses scientifiques existent bel et bien, car il est normal de douter de la véracité d'hypothèses nouvellement imaginées. Mais en ce qui concerne les cigarettes et les pesticides, il n'y a aucun doute sur la nocivité de ces produits : elle est scientifiquement avérée. Vous voyez le subterfuge ? Il s'agit de vous faire croire que si doute il y a, ce doute est justifié, est légitime, est noble ! Car un doute grossier, ça non, on ne pourrait pas le tolérer. Mais un doute subtil… cela on peut l'accepter. Moralement c'est acceptable parce que moralement on doit accepter que l'on ne peut pas tout savoir.

Les développements sur le doute mènent loin ; les sophistes et les menteurs utilisent le doute légitime, moralement fondé, comme un hameçon redoutable. Donc sachez dans quelles eaux vous nagez ! L'inspecteur de police ne se pose qu'une question : à qui profite le crime ? Il ne tergiverse pas dans des interrogations morales sans fin.

« Si tout le monde était moral… »

> p. 48 La morale consistait […] à rétablir la hiérarchie des faits, ce qui conduit à rétablir la hiérarchie des valeurs.
>
> p. 53 L'acte moral n'est pas démocratique. La consultation de l'opinion lui serait fatale car l'opinion publique tend normalement vers l'acceptation, vers le moindre risque, le compromis.
>
> […]
>
> Dans tous les cas, il importe que la consultation et le dialogue soient orientés vers une délibération intime de soi à soi […] le grand art des classiques [littérature, théâtre] a été de porter la morale à un niveau ou il est possible de juger et de choisir.

Je rajoute que le « peuple humain », comme tout espèce animale grégaire, tend toujours au moindre effort. Par exemple dans les élevages hors-sol de bovin, les animaux sont de bonne humeur, car ils n'ont aucun effort à faire : tout leur est fourni. Ils ne sentent nullement maltraités. C'est paradoxal. De même pour nous : les outils et les techniques se répandent parce qu'ils nous permettent « d'en faire toujours moins ». Les humains laissés à eux-mêmes ne feront pas d'effort, à moins qu'ils ne décident d'écrire des lois incitant à l'effort, et de s'y tenir.

On ne badine pas avec l'universel

> p. 66 Ni l'égoïsme sur lequel tablent les théoriciens de l'économie libérale, ni

l'évolutionnisme, ni l'impératif de survie ne peuvent fournir autre chose que des constats, au mieux des étais à une conduite morale, mais ils ne la justifient en rien.

L'ordre (le niveau) de la morale est un ordre qui lui est propre (cf. mes propos sur la sagesse p. 20). On voit particulièrement bien en politique que cela n'est pas compris : trop de nos élus font de l'économie *et* une fin en soi *et* une explication en soi. C'est trop facile, et c'est erroné : l'économie – qu'elle que soit sa forme – est notre création. Nous l'avons inventée, et ensuite nous nous justifions par rapport à elle et nous nous conformons à elle ! Cela ne devrait pas être. Ni dans l'économie, ni dans la technique, ni dans les connaissances scientifiques nous ne pouvons justifier nos actes moraux. L'économie peut être immorale – commerce internationale des drogues et des armes –, la technique peut être immorale – appareils et logiciels d'espionnage via internet –, les connaissances scientifiques peuvent être immorales – médecins nazi étudiant la résistance au froid en immergeant des juifs cobayes dans des bains d'eau glacée. La morale doit s'appuyer sur la réalité, sur les faits, mais la décision morale nous appartient toujours.

p. 69 L'étrange est que notre gauche intellectuelle charrie sans se troubler deux principes contradictoires : l'un prononce qu'un démocrate respecte toutes les traditions et toutes les cultures ; l'autre que les droits de l'Homme doivent être respectés par toutes les nations de la Terre, sous peine de bombardement.

p. 74 La morale doit être appréhendée en un temps et en un lieu, avant d'être édictée pour l'humanité […] l'éthique ne se laisse pas énoncer (Wittgenstein) : on la met en pratique soi-même et d'autres apprennent de nous.

> p. 75 C'est au milieu de catastrophes morales que prospère l'éthique [...] la morale, c'est ce qui évite aux gens soit de sombrer, soit d'agir héroïquement.

Qu'est-ce alors qu'une société morale ? C'est une société à égale distance de l'égalitarisme et de l'anarchie. Dans une dictature égalitariste nul besoin de morale (ni d'éthique), car tous les individus sont censés êtres identiques. En anarchie, au contraire, chaque individu vit selon ses propres règles.

Communiquer ?

> p. 83 La rationalité éthique implique le dialogue, la conversation, l'échange oral. Sans dialogue pas d'éthique.

Ni de morale.

> p. 84 La communicabilité est inversement proportionnelle au contenu de ce qui est communiqué. Plus l'auditoire est vaste et plus se réduit la richesse du message. Car le discours qui s'adresse à une multitude doit être aussi général que possible, il tend vers la banalité et n'appelle ni ne tolère aucune réponse [...] message décisif transmissible quand il n'y a pas d'échange avec l'auditoire.

> p. 86 Le pire, c'est la captation et le détournement de la beauté des corps, de la poésie des métaphores, des images et des couleurs [dans les publicités] par l'avidité hystérique des marchands, car la finalité c'est l'argent et le moteur c'est la communication.

Il y a dans les publicités modernes ce que l'on doit donc appeler une perversité : sous la beauté, sous l'inventivité, qui nous sont agréables à voir ou à entendre, il y a le désir de nous tromper.

> p. 91 L'homme moral s'impose d'user correctement du langage, de désigner correctement, de ne pas abuser des superlatifs et des métaphores époustouflantes. Il se soucie d'être entendu et d'entendre [...] en refusant la prostitution médiatique, en imposant le silence nécessaire à la parole.

Bref, Domenach n'aurait pas bien supporté les médias (radio, télé, presse, internet) de l'an 2017 !

Dépendance et liberté

> p. 100 L'acte fondateur de ma personnalité morale réside [...] dans la reconnaissance d'une nature déterminée, dépendante ; c'est un acte d'humilité, de soumission, aussitôt compensé, complété, par une résistance qu'anime le désir d'être autre que ce qu'on m'a fait. L'acceptation de soi par soi n'est morale que dans la proportion où elle est aussi volonté d'être différent – meilleur ou pire.

Parvenir à se voir objectivement (distinguer ce qui « vient de nous » et ce qui nous vient de la société) et changer en nous ce que nous pouvons changer.

> p. 103 La fin des tyrannies, loin de libérer le sens de la vie, en fait une question plus insistante et plus problématique [...] Albert Béguin avait raison lorsqu'il écrivait [...] que les peuples avaient moins besoin de justice que de

```
justification [...] les simplismes libéraux n'ont
pas grand-chose à voir avec la liberté.
```

On revient à l'économie, l'économie qui doit demeurer un moyen et non devenir une fin en soi. De nos jours, avec le culte libéral, tout est ramené à l'argent, en ce sens que toute activité qui permet de s'enrichir est moralement acceptable et que toute activité qui ne le permet pas est qualifiée d'échec. À quoi sont dus les scandales bancaires, alimentaires et médicaux des derniers temps (affaire Kerviel à la banque Société Générale, farines animales, œufs contaminés, médicaments dangereux…), si ce n'est au désir de certaines personnes de gagner un maximum d'argent ? Ces personnes-là, ces gens malhonnêtes, n'ont fait que céder au culte de l'argent. Mais, selon ce culte, pire encore sont les activités qui n'ont pas pour objectif d'enrichir. Notre culte libéral « met à la droite de Dieu » ceux qui veulent gagner beaucoup d'argent, et elle met loin de Dieu ceux qui veulent gagner juste ce qu'il faut d'argent pour assurer les besoins primaires de la vie courante. Notre économie libérale est devenue moralisatrice : elle fournit aux peuples des justifications, *ses* justifications.

Or justification n'est pas justice, comme le rappelle Domenach.

```
p. 109 Robert Badinter [...] priorité est donnée aux
désirs de l'individu [...] d'élever cet enfant dont
il sent le besoin comme complément de sa vie [...]
par tous les moyens [...] ce qui prime c'est
l'épanouissement du parent. L'enfant est donc
conçu pour qui le commande et non pour lui-même
[...] morale du plaisir, bonheur égoïste [...]
convergence de deux idéologies : l'individualisme
libéral et le socialisme collectivisateur.
```

Nul doute qu'en 2017 Domenach aurait voté contre la GPA (gestation pour autrui) et la PMA (procréation médicalement assistée), deux techniques qui permettent de créer des embryons et de les faire maturer jusqu'à la naissance de l'enfant, afin qu'une personne seule, homme ou femme, puisse satisfaire son désir d'enfant.

Se contenter des voies naturelles pour faire des enfants ? Ou, si impossibilité biologique il y a, recourir à l'adoption : notre monde ne manque pas d'orphelins et de bébés abandonnés. Mais à ce stade de l'ouvrage, on ne dispose pas encore du ressort ultime de Domenach pour faire accepter cette morale plutôt que la morale libérale et libertaire qui justifie GPA et PMA. Plus loin dans son ouvrage, Domenach va résumer sa morale en trois mots, dont le dernier est *courage*. Où est le courage ? Est-ce adopter ou est-ce recourir à la PMA ou à la GPA ? Domenach aurait certainement pensé que celles et ceux qui choisissent les voies techniques plutôt que l'adoption manquent de courage.

Est-ce là la morale française ? ...

> p. 114 L'art suprême du discours politique [...] vu chez Mitterrand [...] consiste à dire une chose en laissant entendre que son contraire est aussi valable [1]. Cette rhétorique corruptrice du langage corrompt aussi l'action [2], car [...] l'histoire fait éclater la vérité [...] Troisième niveau : puisqu'il s'agit de la représentation que l'on se fait d'une personne, acte, décision : « il a voulu dire ça » ou « il ne peut avoir dit ça » [...] ce qui dispense d'analyser un texte ou une situation.

Là encore, haute qualité de l'analyse de Domenach. Il révèle l'imposture au plus haut niveau de l'État. En morale, en politique, l'ambiguïté n'est pas acceptable. Il faut un discours univoque. Car à quoi peut bien servir une politique qui instille le doute, sinon à réaliser d'obscures affaires et à déposséder le peuple de ses droits, de son humanisme ? Morale intransigeante que celle de Domenach.

> p. 115 Inconsistance et inconstance se cachent sous le masque de la gentillesse et de la tolérance.

Ceci me rappelle le mal qui perdure parce qu'il prend le masque de la vertu, de Nietzsche. Gentillesse et tolérance vont aussi de pair avec la démagogie.

Pitié, don, solidarité

> p. 126 - 127 À la frontière entre justice et morale, discorde et conflits prolifèrent [...] les révolutions populaires ne sont pas déclenchées par des revendications matérielles : celles-ci servent de base à des revendications morales [...] Une indignation [populaire] qui réclame vengeance [... c'est le] degré inférieur de la morale ainsi que de la justice [...] la morale, pour être pratiquée personnellement, ne doit pas se trouver en opposition avec une immoralité flagrante chez les dirigeants de la cité.

> p. 131 Une des règles de notre société est qu'il ne faut rien devoir à personne personnellement [...] on accepte volontiers les dettes auprès d'un organisme de crédit, mais pas des dettes de reconnaissance [...] l'argent, dont on dit qu'il asservit, a eu aussi pour fonction de libérer le receveur comme le donateur d'une charge émotive, d'un lien de réciprocité qui peut devenir accablant.

L'argent, en brisant la logique du don / contre-don, a objectivé les rapports entre individus : plus de charge émotionnelle liée à la dépendance, réciprocité limitée dans le temps à la durée de l'acte d'achat.

p. 135 La solidarité mondiale n'est plus un postulat, c'est un fait : désormais aucune parcelle de la terre ne peut se déclarer indépendante du destin commun.

Facteurs de distorsion : ceux qui tiennent à l'inégalité de croissance économique, et à l'exaspération des particularismes que provoque le resserrement de l'humanité sur elle-même.

Refus nationaux de trop d'étrangers – impossible physiquement sauf à les accueillir à la mitraillette – en même temps on sait que ces étrangers vont faire se réduire les cultures locales.

Mondialisation inévitable, perte des traditions pour les allochtones comme pour les autochtones.

Responsables, coupables et complices

p. 147 Cette dépendance [à la Nature] relève de la morale, d'abord en ceci que la Nature assure la vie et la permanence de l'Humanité [...] ensuite toute morale, en tant qu'elle oblige, nous lie à des substances qui nous sont extérieures. L'erreur [de l']éthique consiste à chercher un fondement exclusif de la conscience individuelle, ou dans la relation entre consciences, alors qu'il faudrait chercher des points d'ancrage hors des subjectivités.

Pas de morale ni d'éthique sans prendre en compte les faits, la réalité, la matière.

> p. 151 L'éthique occidentale a beau être universalisable, son mode de vie ne l'est pas.

Donc ne faut-il pas une nouvelle éthique occidentale, plus simplement ? L'éthique de la décroissance par exemple ?

> p. 151 À tout moment l'utopie planétaire est menacée de se dégrader en philanthropie, car il est impossible d'aimer l'humanité entière, le bon sens et les philosophes en sont convenus.

> p. 153 Il est vrai que l'aggravation du Mal rend plus insistante la recherche du Bien [axiome de Hölderlin... « là où grandit le péril grandit aussi le pouvoir de sauver »], mais il se produit des situations où le Mal l'emporte sans recours et sans remède, dans un individu ou dans un groupe, parce qu'il s'est attaqué non au Bien en général ni à un devoir en particulier, mais au pouvoir même de se sauver.

Je suis convaincu que l'Humanité connaîtra encore des atrocités aussi fortes que la dernière guerre mondiale et la dictature du national-socialisme en Allemagne. Ces atrocités à venir ne reprendront pas les formes passées ; elles prendront des formes inédites. Comme l'écrit Domenach, ces atrocités se réaliseront sans entrave parce que ce qu'il y a de bon en l'Homme, notamment sa volonté de s'épanouir, aura été sapée. Invoquer la peur du terrorisme, marteler dans les têtes le besoin de sécurité, gérer une nation selon un seul critère (le critère de la réussite économique, de la « croissance ») : voilà des manœuvres du Mal qui portent le masque de la Vertu et qui peuvent nous mener à des situations catastrophiques que nous ne voyons pas encore. Que nous n'imaginons pas encore. Nous aurons les atrocités que nous méritons, comme l'écrit Domenach en p. 17. Je crois que les atrocités de demain existent déjà aujourd'hui, à l'état de germes se réveillant ou à l'état de pièces isolées en attente d'être réunies. Ainsi toutes les dérives morales et éthiques de l'économie capitaliste – le rêve d'industrialisation totale de la planète par exemple – étaient en germe dans les années folles, avant la guerre. Je suis persuadé que la deuxième guerre mondiale n'est pas à l'origine du fort développement industriel des pays occidentaux ; la guerre a simplement donné aux capitalistes l'occasion de présenter leur rêve comme la seule voie possible pour faire évoluer les sociétés.

Quels malheurs sommes-nous en train de préparer pour les prochaines générations ? C'est une vaste question, que je vais aborder dans le dernier chapitre du livre sous l'angle de la morale quotidienne.

> p. 157 Le Mal est porté par une infrastructure collective. L'apprentissage de la langue offre à l'enfant une possibilité de mentir [...] l'enfant et plus tard l'adolescent, dépourvu des moyens de son autonomie, apprend vite à tolérer, à séduire, à ruser, sous l'influence et parfois sous l'encouragement des adultes. L'expérience première et fondamentale de la vie morale est celle de la complicité : elle ne sera jamais oubliée. « Complice, c'est pire qu'auteur » disait Péguy [...] Le complice croit échapper à la responsabilité de l'acte.

Chassez Satan

> p. 162 Comble du paradoxe : c'est seulement dans des situations de guerre que peuvent perdurer des communautés vertueuses. [en temps de paix] il y a toujours quelqu'un pour puiser dans la caisse et abîmer les installations communes.

La structure de cette pensée est bipolaire : en temps d'immoralité grave, la vertu devient plus brillante qu'elle ne l'est dans un temps quotidien régi par la morale. Plus il y a d'immoralité, plus la vertu se définit avec force. Dès qu'elle est présente, la vertu devient quasiment inévitable. Ceux qui la refusent, la refusent en connaissance de cause et prennent parti pour le camp du mal. Par exemple, tous les actes de bonté qui ont eu lieu dans les camps d'extermination dirigés par les nazis avaient une portée, une puissance, démultipliée. Le moindre sourire redonnait l'envie de vivre ! Et ceux qui voyaient ce sourire, et le réprimait ou le moquait, étaient classés de suite dans le camp des monstres, des bêtes.

Paradoxalement, quand le niveau d'immoralité baisse, la vertu perd en puissance. Une immoralité quotidienne s'installe.

```
p. 163 Agis donc de telle sorte que l'État ne
t'oblige pas à faire le Mal, et de telle sorte
qu'il te laisse assez d'espace pour faire le Bien,
voilà mon premier impératif, le second étant
d'agir sur l'État de telle sorte qu'il crée, à
l'extérieur de ses frontières […] des conditions
favorables à la paix et à une meilleure
répartition des ressources.
```

Voilà ce que je peux qualifier de morale française : une morale qui agit aussi bien à l'intérieur de la nation qu'à l'extérieur. C'est une morale qui ne sépare pas l'intérieur de l'extérieur. Hélas, notre pays vend des armes aux autres pays, et cela crée des conditions défavorables à la paix… Nous sommes un pays pacifique, mais nous nous armons et nous vendons des armes : donc les autres pays peuvent faire de même, tout en prétendant aussi être des pays pacifiques ! Notre politique étrangère est immorale…

> p. 168 L'immoralité ambiante suscite la protestation de quelques consciences, elle réduit aussi la morale à quelques prouesses extérieures.

Domenach pointe là ce que l'action morale ne doit pas être : un acte exceptionnel. L'acte moral doit être quotidien, banal, silencieux. Trop d'immoralité engendre des actions vertueuses remarquables. Par exemple celles des lanceurs d'alerte. La simple existence de ces lanceurs d'alerte, qui prennent tous les risques pour que la vérité se manifeste, sont la preuve que dans l'entreprise en question règne une immoralité ambiante.

Domenach nous amène à une échelle objective de la morale, qui va de la morale quotidienne, silencieuse, à la morale en tant que prouesse, à la vertu en temps d'immoralité grave.

> p. 173 Dans les pays sécularisés comme la France, la société libérale devra se forger une morale, ou elle s'effondrera faute d'avoir su créer un ordre social habitable [à la différence des États-Unis qui n'ont pas encore pris acte de la « mort de Dieu »]

> p. 175 Ils [les cultes rendus à ce qui est sacré] protègent les vivants, ils leur enseignent qu'il y a des devoirs sans explication immédiate et des causes qui dépassent la durée d'une vie. Le sacré peut servir de prothèse à la morale.

Une société durable est une société qui vit selon des normes qu'elle a décrétées plus hautes et plus grandes qu'elle-même. De telles normes nous manquons aujourd'hui. L'économie et la technique ne nous permette que de vivre au jour le jour, dans le temps présent. Il nous faut un idéal de société (cf. mon livre *Nagesi*).

> p. 179 Lorsqu'on est tenté de résoudre un problème concret par une théorie, il faut essayer de penser là où ça fait mal.

Car sinon on est tenté de ne prendre en compte que les aspects les plus « faciles » de la réalité. Mais cette fainéantise se paie par l'échec de la solution et la persistance du problème.

Le naturel et le technique

> p. 181 Une moralité sans transcendance récuse le hasard (ou la Providence) et ne veut rien devoir à ce qui ne provient pas de sujets autonomes.

L'agnosticisme et l'athéisme impliquent une telle morale. L'agnosticisme et l'athéisme ne sont pas dépourvus de morale, contrairement à ce que les religieux pensent. La morale agnostique et athéiste, que l'on pourrait appeler plus simplement morale séculaire, implique que chaque individu aille, tende, se développe vers son autonomie. Autonomie de pensée, autonomie de jugement. Domenach nous dit que la morale séculaire ne peut accepter aucune doctrine, car une doctrine implique justement de céder son autonomie de pensée (à la personne qui prêche la doctrine ou aux livres qui la contiennent). Cette morale séculaire, ainsi définie, correspond selon à ce que doit être la morale française.

> p. 186 La morale commence [...] dans ce passage de la conscience et du sentiment (des passions, des affects) au niveau où se forment des pratiques et des règles communes.

Passage de la vie intérieure de l'individu à la vie en société ; passage du subjectif au collectif – mais sans passer par l'objectif. Pour comparaison, en science on cherche à objectiver une expérience subjective avant de la généraliser. La genèse d'une morale est-elle donc différente de la genèse d'une méthode scientifique ? En effet : la morale « n'est pas une science exacte ». Car la morale n'a pas pour objets les faits, la réalité, le concret. Domenach nous le rappelle dans cette note : la morale sert à gérer les passions et les affects. Quand une technique controversée est en jeu, par exemple les nanoparticules, ne demandons pas à la morale quoi faire de cette technique (l'utiliser, la modifier, l'abandonner). Demandons à la morale quoi faire de nos émotions (nos craintes, nos envies, nos certitudes, nos espoirs, nos douleurs).

Cette note me permet de mettre le doigt sur un aspect de la morale telle que je la concevais auparavant : que la morale est aussi de l'ordre de l'intime. Elle concerne nos émotions. Et pour cette raison, je pensais que la morale était une intrusion injustifiée dans la sphère privée. Une intrusion à bannir parce qu'il ne pouvait en résulter qu'une perte considérable de liberté personnelle.

Il me semble que c'est pour cette raison que la morale chrétienne a commencé à être critiquée au siècle des Lumières, puis parquée avec la loi de 1905 de séparation de l'église et de l'état et enfin mise au placard en 1968. La morale chrétienne s'insinuait dans tous les individus, les empêchant de faire comme bon leur semble avec leurs propres émotions.

Je pense que c'est une bonne chose que ce genre de morale ne soit plus active aujourd'hui. Je crois que la morale française moderne peut se limiter à la prise de conscience de questions du genre : « En quoi mes émotions influencent-elles ma perception de la réalité ? » « En quoi l'origine, le déroulement et l'issue de la situation dépendent-ils de mes émotions ? » « Suis-je conscient de mes émotions ? » « Est-ce que je parviens à gérer mes émotions ? » La prescription morale doit nous amener à nous poser ces questions et cela ne va pas nous priver de notre liberté « intérieure ». Il n'y a pas intrusion dans notre sphère privée : nous en demeurons les seuls acteurs et les seuls responsables.

Ce qui fait que le retour d'une morale religieuse, chrétienne et/ou islamique est à craindre. Car la morale religieuse propose, en plus d'un « prêt à penser », un « juste au cœur » : elle indique quelles émotions il faut ressentir et quelles émotions il faut bannir, quelles émotions il faut amoindrir et quelles autres il faut exalter. Ces indications rendent la vie plus facile qu'une morale qui incite à prendre conscience de ses émotions mais sans nous donner les moyens ni les objectifs à atteindre ! Et l'on sait comment aujourd'hui notre société capitaliste sombre dans le culte du moindre effort. La religion a réponse à tout – du moins certaines formes de religion. Tandis que la morale française moderne nous invite à l'effort permanent et à la responsabilité.

> p. 188 Ces gens-là [des esprits libres et fiers qui refusent d'adopter le comportement standard] en cas de crise restent au singulier : il n'y en a qu'un par catégorie [par exemple Schindler et sa célèbre liste qui permit de sauver des milliers de Juifs]. Ils témoignent de ce que l'éthique, universelle en droit, ne l'est pas en pratique, et que la morale n'est ni la science ni la vie ni le bonheur, et encore moins la démocratie, mais d'abord la résolution d'un homme qui sait son devoir et s'y tient. Nos problèmes [actuels] sont plus modestes, nos résistances moins héroïques [que pendant la guerre] mais notre obligation de cohérence reste aussi impérieuse.

Ici le mot important est *cohérence*. Une morale ne s'abdique pas à la première difficulté venue, sinon ce n'en est pas une.

Droit de mort et droit de vie

> p. 200 Étrange paradoxe : plus le Moi s'impose comme idéal, et plus il semble s'évanouir, soit dans le conformisme, soit dans des aliénations consenties voire recherchées [...] le domaine des devoirs envers autrui ne cesse de s'étendre tandis que le devoir d'être soi-même reste timide, et souvent ignoré [...] Les possibilités d'être « libre » ont pris de court l'énergie de la liberté, et de grands efforts seront nécessaires avant que le sujet ait le courage, la vertu, d'affronter l'opacité d'autrui, sa résistance, sa propre volonté d'indépendance, au lieu de se dérober devant lui, de le fuir par le divorce, l'avortement ou l'indifférence pure et simple.

Le culte de la liberté individuelle tourne à l'égoïsme ou au conformisme : ce sont deux « solutions » pour éviter l'effort de la tolérance, l'effort pour accepter l'autre tel qu'il est.

(E) Dans une société égalitariste, nul effort n'est nécessaire pour aborder l'autre, car on sait comment il réagira : comme nous. Tous les individus sont identiques.

(I) Dans une société individualiste, nul effort pour aborder l'autre, car on ne souhaite pas l'aborder.

Domenach cherche donc une troisième voie, qui implique effort, courage et prise de risque pour aller vers l'autre. Parfois l'autre nous agressera en retour ou ne répondra pas, ou sera amical. Les voies (E) et (I) représentent des sociétés qui ne sont pas humanistes. Le « risque de l'autre » n'y existe pas. Pourtant c'est à ce prix seulement que nous pouvons apprendre des autres, pour évoluer nous-mêmes et aider les autres.

Avez-vous remarqué comment le contact est difficile, ici en France ? Sollicitez les conseils de quelqu'un ou d'une association, par courrier électronique, et en général on ne vous répondra pas. Cela est flagrant pour les candidatures et les soumissions de manuscrits. Nul mystère à cela : c'est la méthode dite « performante » de gestion du courrier électronique, pour éviter le stress de la communication. Comme ce genre de courrier est abondant, le formateur en gestion de courrier vous enseignera qu'il ne faut jamais répondre au premier courrier. Il faut aussi ignorer aussi le second. On prendra uniquement la peine de lire le troisième courrier, car c'est vraisemblablement important. La logique du formateur en gestion de courrier est celle-ci : étant donné que ce moyen de communication est facile à utiliser, les gens en abusent ; ils font des demandes futiles. Statistiquement, un seul courrier sur trente est important. Évidemment, avec cette méthode, les courriers honnêtes et fondés sont ignorés, et l'expéditeur honnête va juger le destinataire incompétent parce qu'il ne reçoit pas de réponse à sa sollicitation. Voilà donc un autre exemple de comment une vertu, la vertu des communications électroniques instantanées, devient un vice…

Pour les contacts sérieux, importants, je suis d'avis qu'internet est un moyen inapproprié. Pour les contacts légers, je conviens que le risque de l'autre est au contraire grandement facilité. Les utilisateurs d'internet et de ses divers réseaux sociaux (Twitter, Facebook…) auront que ces réseaux permettent un premier contact facile entre des personnes qui ne se connaissent pas. Ainsi, on va échanger avec des inconnus comme si on parlait à des connaissances de longue date. L'écran de l'ordinateur, ou du smartphone, couplés à la forme très simple de communication (sur Twitter les messages font nécessairement moins de cent-quarante caractères ; un « clic » suffit pour approuver un message, une photo ou une vidéo ; il existe de nombreuses autres « fonctionnalités » de ce genre dans les réseaux sociaux sur internet) et à la distance de séparation, rendent même apparemment caduques toute considération d'effort et de risque pour aller vers l'autre. Sur internet, la plus simple façon d'aborder les inconnus est de commenter leurs messages, photos, vidéos, etc. comme ... s'ils étaient nous-mêmes ! Sois toi-même, écris ce que tu penses, affirme ton droit d'écrire que c'est ton opinion : il n'en faut pas plus pour que sur internet on vous accepte comme vous êtes. La « vie sociale » sur les réseaux sociaux d'internet est un long fleuve tranquille. Quand deux personnes commencent à se quereller, l'une d'elle bloque simplement la communication. C'est son droit. La vie sociale sur internet, sous cet angle, ressemble à une société qui serait à la fois égalitariste (E) et individualiste (I). Et aussi anarchique, car toutes les opinions sont tolérées. Bien sûr, bloquer tout communication avec une personne qui nous déplaît est impossible dans les réseaux sociaux *réels*. La société réelle est une chaîne d'union : à moins de choisir de vivre en ermite, on ne peut pas s'en extraire. Fatalité et labeur sont associés au terme de « chaîne » et en ce sens l'expression de chaîne d'union peut sembler nihiliste. La chaîne évoque aussi la privation de liberté[9]. Mais la réalité est que chacun de nous est inclus dans la société *pour le meilleur et pour le pire*. On ne peut pas éviter de recevoir dans la figure les conséquences néfastes des erreurs et de la méchanceté des autres ; on ne peut pas éviter de recevoir les conséquences épanouissantes de l'excellence et de la bonté des autres. Dans la société virtuelle sur internet, on peut fuir les difficultés et repousser les idiots indéfiniment. Dans la société réelle, cette stratégie ne fonctionne que quelques jours. On se fait toujours rattraper.

Moral, immoral, amoral

> p. 205 Conversion du vice à la vertu, troublante proximité du bien et du mal [c'est la substance des œuvres de Dostoïevski et de Bernanos]. C'est pourquoi la morale ne doit pas médire inconsidérément du Mal, car, pour une âme

---

9   Comme quand vous regardez une *chaîne* de télévision ! ;-)

> habituée, la rencontre avec ce qu'on appelle le Mal peut devenir le baptême de la vertu : on sort [ainsi] de la vie aux chemins tracés par l'habitude et l'opinion.

S'il n'y avait nul malheur dans ce monde, il n'y aurait nul besoin d'écrire des livres ou de réfléchir à comment faire le bien.

Adolescent, j'étais attiré par les systèmes totalitaires de la même façon que lorsqu'on est proche d'un puits, on veut toujours en voir le fond. Lénine, Staline, Hitler surtout : attirance pour le morbide qui se drape de puissance vitale, attirance pour l'insensé qui présente l'apparence de l'ordre, attirance pour l'humain qui abdique son humanité (volontairement ou non), attirance pour l'architecture qui se veut millénaire et qui n'aura duré que quelques décennies. Pour autant je ne suis pas devenu un monstre. Je profite de cette note pour écrire ces lignes, parce que je suis certain que je ne suis pas le seul à avoir éprouvé une telle attirance. Une certaine morale voudrait que l'on soit spontanément repoussé par tant d'horreur et voudrait que l'on réprime tout sentiment d'attirance. Cette même morale voudrait qu'on ne parle pas de cette attirance[10]. Mais cette morale ne permet pas de connaître les racines du mal. Mon attirance approfondie, qui s'est véritablement close l'an passé par la lecture d'*Eichmann à*

---

10 Peu abordé dans l'ouvrage de Domenach est l'aspect *tacite* de la morale. J'illustre : vous faites quelque chose (lire un livre particulier, porter un vêtement particulier, manger un plat particulier, etc.) et on ne vous dit rien, on vous regarde, on attend vraisemblablement que vous fassiez ou disiez quelque chose en réponse, mais vous n'êtes pas sûr de ce que l'on attend de vous ou même si l'on attend une réaction de votre part. Ce processus silencieux, de non-dit, vous donne alors « mauvaise conscience ». C'est pour cette raison aussi que la morale m'a toujours paru manipulatrice et privatrice de liberté, et donc indigne de la modernité. Donner mauvaise conscience à quelqu'un est facile à partir du moment où on lui instille le doute à propos de la valeur de ses actions. La personne en question ne peut plus s'en dépêtrer ; elle va alors se renfermer sur elle-même. Tout au contraire je préfère une morale « franche », exposée, qui dit pourquoi ceci est mal et comment faire pour transformer le mal en bien.

Jérusalem de Hannah Arendt, a fait que je suis allé jusqu'à reconnaître ces racines du mal ; et je pense que c'est l'attirance superficielle qui conduit au néo-fascisme. Si l'on ne veut pas savoir de quelles horreurs est capable l'être humain, pourquoi et comment il les accomplit, à petite échelle comme à grande échelle, peut-on prétendre réfléchir à un idéal de vie[11] et à une morale qui devraient être valables pour une société entière ? On ne peut pas penser le bien sans connaître le mal.

> p. 209 La morale souffre moins du bruit que font les voyous, les voleurs et les escrocs que de la discrétion des gens de bien. À suivre la parabole du pharisien et du publicain [Luc, 18.9-14], l'acte bon doit reste discret.

Mais l'acte bon exige tout de même du courage, et parfois il doit être visible. Afin de servir d'exemple. Bien des gens se cachent derrière le devoir de rester discret, laissant croire qu'ils agissent alors qu'ils ne font rien : c'est là le problème d'une morale insoupçonnable.

> p. 212 Notre imaginaire européen n'a pas résisté au choc de la culture de masse ; il est désormais fabriqué industriellement aux USA [...] le brouillage des objectifs [politiques] par un discours équivoque et empathique ont [...] déçu l'enthousiasme et tué l'espérance. D'où cet ultime recours aux « valeurs », aux « identités » comme si nous pouvions nous sauver en déterrant un trésor caché, alors que c'est par l'action que nous surmonterons la déception.

Quand la parole déçoit, le seul remède est l'action. Et Domenach fustige là encore l'attitude de François Mitterrand. Il fustige aussi contre le front national, qui veut renouer avec les valeurs et l'identité suppo-

---

11 Cf. mon ouvrage NAGESI.

sées de la France. Pour Domenach, la morale n'est pas ancrée dans le passé. Il n'y a de morale que dans le temps présent.

L'impardonnable et l'histoire

> p. 218 « dette envers les générations futures » – faisons en sorte que nos descendants aient une dette envers nous […] je ne dois rien à ce qui n'existe pas encore, mais je puis faire en sorte que ceux qui me suivront se sentiront une dette envers ceux qui ont existé et […] seront engagés à poursuivre ce que nous aurons maintenu et enrichi. Ceci fonde la garde de la langue, de la culture et de l'environnement.

Il y a changement de société quand une génération ne se sent plus de dette envers la précédente. Si une génération fait tout ce qu'elle peut pour établir et maintenir ce qu'elle juge bon, alors la génération suivante sera encline à perpétuer ce même effort. Au contraire, si une génération se laisse aller, c'est la caution que la génération suivante ne sera pas obligée de perpétuer l'héritage. Je trouve que l'histoire de France et du monde, des années 1980 aux années 2000, est sous le signe de la décadence, du fric, de la richesse, du culte de l'argent. Quand la paix survient avec la fin de la guerre froide, que fait la société occidentale ? Elle ne pense qu'au fric. La guerre était bonne pour le fric – la guerre froide était *en même temps* les trente glorieuses. Quand la paix advint, la paix fut également placée sous le signe de l'argent. Je ne suis pas dupe. De ces années-là, je ne vois guère de bonnes choses qu'il vaille la peine de préserver et d'enrichir. De ces années-là, il nous faut apprendre *ce qu'il ne faut pas faire*.

> p. 219 La Fontaine, les loups et les brebis : la morale a, avec le droit et la politique, une frontière dangereuse, où la compassion, la

générosité, le souci de l'équité risquent d'être une illusion et une tromperie. Il est impossible de tromper la Nature ou le matériau, le paysan et l'artisan le savent, mais il est toujours possible de tromper les hommes avec des mots et des simulacres.

GPA, PMA, OGM, etc : ces techniques nous amènent justement sur cette frontière morale / droit / politique. Certains courants de pensée désirent indéniablement la modification de cette frontière. L'Homme peut maintenant modifier à sa guise la Nature, son génome, sa gestation (prouesses techniques de l'utérus artificiel en voie de réalisation, transhumanisme, interface homme-machine et incorporation d'électronique[12]). Avec tous ces pouvoirs nouveaux de transformation, la très ancienne idée que la « vérité » est à chercher dans la Nature est battue en brèche. Le transhumanisme est une forme de transcendance de l'humain. C'est l'humain porté au-delà de ses frontières biologiques et sociales (le préfixe trans- renvoie à l'identité, donc à la délimitation, qu'il faut traverser). Le transhumanise va de pair avec une forme de transcendance de la nature – modifications génétiques, maîtrise mécanique, etc. Ces transcendances s'accompagnent d'une incorporation de la machine : puces greffées dans le cerveau par exemple, prothèses sensorielles, etc. De même pour le règne animal dans son entier : nos chercheurs nous préparent des animaux mi-bêtes mi-machine, des plantes mi-plantes mi-machines[13]. Dans la

---

12 Le transhumain sera une association de quatre éléments : un substrat génétique humain originel, des éléments de corps biologique modifiés génétiquement, des éléments de corps mécaniques et des éléments de corps sensoriels et intellectuels électroniques.

13 C'est la poursuite d'une certaine évolution technique, dans laquelle on fait tout notre possible pour adapter les plantes et les animaux aux machines : machines pour semer, pour récolter, pour traire, pour tondre, etc. Si on parvient à créer des hybrides plante-machine ou animal-machine, dont une partie du corps sera en métal, en silice, en plastique (bref des mêmes matériaux qui constituent les machines), alors l'interaction avec les machines sera facilitée. Imaginez des vaches avec des implants dans le système nerveux : contrôlés à distance par un

nature originelle non « trafiquée », un transhumain s'ennuiera effroyablement, car trop puissant, car devenu inadapté. De même, le transhumain disposera d'une Vérité transcendée – qu'il appellera peut-être morale supérieure ou sagesse supérieure. Nos ancêtres, proches et lointains, avaient pour Vérité leurs interprétations de la Nature, du Cosmos. De nos jours nous avons la Vérité de la science, de la technique et de l'économie. Notre Vérité n'est plus celle de nos ancêtres. Demain, le transhumain aura une Vérité à son niveau, qui comme la nôtre et comme celles de nos ancêtres, sera un mélange de faits, d'idéologie et de mystique. Je ne sais pas à quoi elle ressemblera, et quand elle adviendra, elle sera fixée (dans des théories cultes, dans des livres cultes, dans des individus cultes, dans des lieux cultes…) non par les gens comme vous et moi, mais par les transhumains eux-mêmes. Il y aura une scission, c'est inévitable, entre « eux » et « nous ». Accompagnée d'une ségrégation ou d'un génocide, tout comme nous occidentaux avons, via le processus de mondialisation, détruit les cultures qui n'avaient pas *notre Vérité*. Pour ces cultures (les « peuples premiers »), le respect de la Nature était essentiel. Pour eux, comme pour Domenach mais à un degré bien plus élevé, il y avait une frontière à ne pas franchir, une frontière fixée par la Nature. Voyez comme nous avons au contraire nié en bloc et déconstruit leur respect de la Nature, pour in fine faire disparaître ces peuples, culturellement mais aussi physiquement !

Considérez, aujourd'hui, mon travail de maraîcher non mécanisé. Aujourd'hui, je dois lutter pour m'affirmer face aux producteurs

---

ordinateur central à la ferme, ces implants recevront à heures données des impulsions pour déclencher la lactation ou l'alimentation. Afin d'éviter les encombrements aux heures de traite et de nourrissage. Pour « optimiser » l'utilisation des machines de traite. Le bonheur !

Aujourd'hui cela relève de la science-fiction. Mais le jour où le transhumanisme sera développé et accepté pour l'être humain, alors l'utilisation de ces techniques pour modifier plantes et animaux ne pourra plus être refusée par la population.

mécanisés, en revendiquant mon droit au travail manuel (cf. mon ouvrage *L'agroécologie c'est super cool !*). Aujourd'hui, les producteurs conventionnels mécanisés considèrent ma façon de travailler comme rétrograde, comme archaïque, en argumentant de mon faible rendement. Demain, qu'en sera-t-il ? Mes successeurs devront lutter, pour maintenir leur droit au travail manuel, face à des producteurs « transhumanisés ». Aujourd'hui on me taxe d'inutilité. Mais demain mes successeurs, qui auront à cœur de perpétuer l'agroécologie et le rapport si particulier à la Nature qu'elle permet, seront-ils taxés d'être des dangers pour la société ?[14]

---

14 Aujourd'hui déjà, l'agroécologie est une menace pour ceux qui contrôlent la société : les spéculateurs, le monde de la finance, les PDG super-riches d'entreprises multinationales. Ce sont eux qui fixent la valeur des choses. Ils décident des prix des récoltes par exemple. Le projet agroécologique en maraîchage, c'est la mise en place d'une agriculture durable : un agriculteur qui produit, de façon autonome, non mécanisée, sans jamais épuiser sa terre. C'est possible. Donc ces récoltes, ne dépendant de rien d'autre que des muscles du maraîcher, de son organisation du travail et de la météo, peuvent servir de base à une monnaie. Ces récoltes sont en mesure d'être la base de l'*unité monétaire*, par rapport à laquelle la valeur de toutes les autres formes de productions peuvent être calculées. Aujourd'hui la valeur de toutes les formes de production est décidée par ces personnes citées plus haut, et elles décident de la valeur de toute chose de façon à ce qu'elles engrangent le maximum de la valeur produite, au niveau mondial, chaque année ! En agriculture, elles arrivent à leur but très simplement : en forçant les agriculteurs (via les discours commerciaux, via le lobbying, via les écoles agricoles) à acheter toujours plus de machines. Les agriculteurs conventionnels sont engoncés dans cette idéologie. Ainsi ils s'endettent, et ainsi leur argent « remonte » tout en haut, jusque dans la poche de ces messieurs. L'agriculteur mécanisé va de pair avec le spéculateur à Wall Street ; c'est un couple indissociable. Le spéculateur reste caché : pour critiquer toutes les formes alternatives d'agriculture, il laisse faire l'agriculteur conventionnel, qui s'insurge contre ces « néo-ruraux » qui ne sont pas des « vrais » agriculteurs parce qu'ils n'ont pas des « charges » – sous-entendu des dettes pour rembourser des machines agricoles achetées à prix d'or. Triste réalité.

L'enjeu de l'unité monétaire est énorme. Donc les experts en communication de l'agriculture conventionnelle, et le lobbying auprès des élus, font tout pour éviter que n'émerge une définition claire et nette de l'agroécologie, avec ses principes agricoles et ses objectifs humanistes. Les agroécologistes ont bien plus d'importance pour la société qu'ils ne le pensent eux-mêmes. Et avec ce texte,

> p. 221 Toute activité, toute profession, qui s'abandonne à la médiatisation perd le sens de sa fonction et le respect du public, et décline inexorablement.

La médiatisation, en soi, ne peut être une fin. Elle doit toujours rester un moyen. Le sens du mot ne doit pas être dépassé par la volonté de s'en glorifier. Exemple en agroécologie et en permaculture : certains éditeurs, qui eux-mêmes n'y connaissent rien, sortent aujourd'hui pléthore de livres sur le sujet, qui sont de pâles copies des textes pionniers. Ces publications sont simplistes. Et surtout elles ne font pas avancer la cause, car les auteurs, et les éditeurs, n'envisagent pas l'agroécologie ou la permaculture à long terme. Ils ne réfléchissent et n'imaginent pas assez – à ces deux activités il faut consacrer du temps, qui ne peut pas être le temps de la médiatisation.

> p. 223 « les penseurs des années 30 », les personnalistes [...] La force de se tenir debout, d'affronter l'opinion, de récuser le mensonge est la vertu primordiale, mais si elle exige une conversion de l'esprit, elle ne se sépare pas du « nous » communautaire, non plus que dans l'action dans laquelle elle a le devoir de s'engager. Telle est la leçon que j'ai retenue d'Emmanuel Mounier et de Paul-louis Landsberg. Le Moi n'existe pleinement, moralement, que si en certains moments il fait passer le Nous avant lui. Voilà ce qui semble difficile à admettre aujourd'hui, après que la schizophrénie française a porté les esprits d'avant-garde de la frénésie collectiviste dans la frénésie individualiste [...]

---

avec mes livres, avec mon site internet, j'essaie de faire ma part dans ce combat de société.

> Le nombre de gens qui préfèrent la servitude à la solitude est plus élevé qu'on ne le dit. Il y a des esclaves heureux.

Voilà des mots courageux. C'est une réalité que bien des personnes ne veulent pas de responsabilité. Pour être plus conforme à la réalité (pour être plus humaniste), je pense que chacun de nous veut être et responsable et « suiveur » : assumer des responsabilités pour certaines activités, avec l'effort et la charge et la motivation que cela implique, et suiveur pour d'autres, pour simplement faire une activité sans avoir à penser tous les tenants et les aboutissants. Mais les idéologies modernes du « statut » et de la spécialisation du travail (une personne exerce une profession, et pas deux, oh non mon bon monsieur) font que bien des gens sont soit des suiveurs soit des responsables. Et donc ces gens-là ne mènent pas une vie heureuse.

> p. 231 Faute morale d'un pays [...] La faute impardonnable de la France fut son agenouillement devant Hitler, à Munich, en septembre 1938. Juin 1940 en fut la conséquence [...]

> La faute majeure commise par un peuple contre lui-même, si elle ne peut être pardonnée, peut du moins être réparée, car le peuple est un sujet collectif, capable de déléguer pour son salut des combattants et des martyrs. C'est ainsi que le sacrifice de quelques-uns [tels les résistants Pierre Brossolette et Jean Zay] permit la restauration d'un honneur collectif sur lequel persiste une tâche que nous n'avons pas finie d'effacer.

En cette année 2017, entre nécessité nationaliste et nécessité mondialiste, la France cherche plus que jamais à préserver son identité, du moins à pouvoir continuer de la construire, dans un monde où le commerce et internet relient ensemble tous les pays, toutes les cultures, toutes les philosophies, toutes les techniques. Pour les nationalistes, la faute impardonnable est de céder aux institutions supérieures à la France (Union Européenne, ONU, OTAN, OMC, FMI…) Pour les mondialistes, la faute impardonnable est de céder au « repli sur soi » (rétablissement du contrôle des flux financiers, de marchandise et humains aux frontières). Les choix du nouveau président Macron seront-ils les « bons » pour la France ? Retournons la question : en ce moment, faisons-nous le sacrifice de quelques combattants et martyrs pour laver notre honneur sali ? Les victimes des attentats terroristes sont-elles des martyrs ? La faute commise en septembre 1938 était impardonnable notamment parce qu'elle ne permettait pas de revenir en arrière. Ce fût un point de non-retour. Aujourd'hui, la France prend-elle des décisions de ce genre ? Je n'insinue pas qu'aujourd'hui nous vivons les prémisses d'une catastrophe : il s'agit au contraire de s'assurer que ce n'est pas le cas. La morale inclut la prévention : il faut que les points de non-retour soient identifiés, soient connus à l'avance.

Qu'est-ce donc qu'une vie bonne ?

```
p. 242 La morale, fondée sur le désir de l'Homme
de vivre humainement, appelle le dépassement de
soi par soi ; en quelque sorte elle intériorise la
transcendance, comme vocation, comme appel.
```

Une attitude morale, c'est donc d'être ouvert au changement, de respecter le bien existant mais aussi de vouloir faire *plus* de bien. Cela m'évoque la pensée d'Olivier de Serres (1600), pionnier de l'agronomie : des mauvais terres en faire de bonnes terres, et des bonnes terres en faire d'encore meilleures terres. Ce qui vaut pour la terre vaut pour l'homme.

> p. 244 Mais sachons que l'homme moral sera toujours minoritaire. Puisse la démocratie en tenir compte lorsqu'elle légifère, et pousser les instances politiques à réfléchir sur les conditions pratiques d'une vie bonne, qu'il ne faut pas confondre avec une vie agréable. Cessons donc de fractionner l'éthique en autant de parties qu'il y a de questions urgentes. Se prononcer sur l'avortement, l'euthanasie, le transfert d'organe, cela suppose que l'on ait déjà une vision de ce que devrait, et pourrait, être une vie bonne. Un consensus n'est pas inimaginable.

Avec ces phrases, il me semble qu'on arrive là aux frontières du langage : pour décrire en termes nouveaux ce que doit être une vie bonne dans le quart, ou demi-siècle, ou siècle à venir. Trouver, sinon forger, les mots et les expressions justes pour un futur que nous espérons voir advenir, mais dont nous ne serons plus les acteurs.

Une de ces expressions pourrait être « le droit au travail manuel », dans un monde qui se mécanise de plus en plus, et qui ainsi oublie que le travail effectué en utilisant nos cinq sens est épanouissant et donne du sens à notre vie. L'épanouissement et la quête de sens font assurément partie des éléments de définition consensuels d'une « vie bonne » comme le propose Domenach. Je renvoie le lecteur à mon dernier ouvrage sur l'agroécologie.

Insistons sur ce que Domenach a perçu : que l'homme moral est minoritaire. Comment une démocratie, c'est-à-dire un peuple géré d'après les décisions de sa majorité, peut-il prendre une décision suite au comportement d'une seule personne ? La morale d'une seule personne vaut-elle pour un peuple entier ? Ce que Domenach a perçu préfigure les réflexions actuelles sur les « lanceurs d'alerte ». Voilà des personnes qui font preuve de courage, et révèlent des actes immoraux. La question difficile est : pourquoi est-ce (en général) *une seule* personne qui a perçu ces actes immoraux ? Le lanceur d'alerte révèle par contraste l'immoralité, sinon le nihilisme, d'un groupe voire d'un peuple entier. Le lanceur d'alerte, l'homme moral, éclabousse de honte beaucoup de monde[15]. Donc on préfère le vilepender.

Quel est l'individu miroir du lanceur d'alerte ? Qui est son double vicieux ? Aujourd'hui, c'est le terroriste. Le terroriste est l'homme, souvent seul, qui par ses actes atroces va contraindre tout un pan de la société, sinon tout un peuple, à modifier ses comportements et ses lois. Face au lanceur d'alerte vertueux, il y a un groupe immoral. Face au terroriste immoral, il y a un groupe vertueux. Dans le premier cas, les conséquences de la révélation vont pousser le groupe immoral à devenir vertueux. Dans le second cas, les conséquences des atrocités vont pousser le groupe vertueux à… devenir encore plus vertueux ? À devenir immoral (en partant faire la guerre, en rognant

---

15 Par exemple, et ce que je vais écrire n'est pas un grand secret, savez-vous que sur les marchés les vendeurs s'entendent sur les prix ? Ainsi on m'a fait savoir que les prix que je pratique ne sont pas « conformes » aux prix de la profession… On a insinué que je fais de la concurrence déloyale. Or l'entente sur les prix est illicite. Mais la profession se tait, car tous les ans elle augmente ses prix, un peu, mais sûrement, car « les charges augmentent » mon bon monsieur. Profitons-en pour remarquer là le vice des monarques de la monnaie qui se transmet aux agriculteurs, qui vont alors « défendre » leur profession en se comportant doublement de façon immorale (en critiquant et en moquant les producteurs alternatifs d'une part, en s'entendant sur les prix d'autre part – ils appellent cela pudiquement « suivre les cours » des productions). Ainsi, en cette année 2017, le cours des pommes augmentera en septembre. Mais les bonnes années de récolte, les prix ne baissent pas pour autant…

En même temps, on voit là comment les agriculteurs conventionnels sont coincés entre d'un côté la libre concurrence qui permet aux prix de vente de baisser, et de l'autre l'idéologie de la mécanisation croissante : cette idéologie qui les contraint à lâcher toujours de l'argent pour les banquiers et le monde de la finance. Ils pensent s'en sortir via l'entente sur les prix, mais ainsi ils font pire que vendre leur âme au diable (cela ils l'ont déjà fait en cédant à l'idéologie du couple mécanisation / dettes) : ils ruinent eux-mêmes leur âme en mentant aux clients.

son humanisme) ? À devenir anarchiste ? À sombrer dans l'inaction ? Suite à la série d'attentats terroristes commis en France, les Français ont fait un drôle de choix : d'une part en décidant de devenir encore plus vertueux, en faisant preuve d'actes humanistes forts (accueil des réfugiés de guerre, résolution du problème des camps de réfugiés, multiculturalisme volontaire), d'autre part en décidant, dans le même temps, d'être immoral, en partant faire la guerre contre le foyer des terroristes au Moyen-Orient et en rognant les libertés individuelles en France. Curieusement, la France a refusé une mesure neutre (le rétablissement des contrôles aux frontières, qui aurait permis de continuer à accueillir les réfugiés tout en stoppant les terroristes). C'est là mon point de vue. Et j'imagine que Michel Onfray (que j'aime prendre comme point de repère) soutient les mesures vertueuses, la mesure neutre, et désapprouve les mesures immorales.

Comment interpréter ces décisions françaises ? En utilisant les « pierres » posées par Domenach : la note de la page 69 et la note de la page 114.

D'une point de vue de la méthode, voyez comment ma recherche de la morale française profite de mon « augmentation » morale grâce à Domenach. Sans lire Domenach, je ne serai pas parvenu à ces points de vue sur l'état de la France. Du moins pas à cette date de ma vie ou dans ces termes. Merci encore une fois à vous, Jean-Marie Domenach, de m'avoir aidé à mieux appréhender la vie morale de notre pays et donc de m'avoir aidé à me construire moi-même !

> p. 246 À mon avis c'est la vérité qu'il faut privilégier, non pas qu'elle soit, par elle-même, supérieure au bonheur et à la sagesse, mais parce qu'elle est la condition de toute recherche morale.

Mais La vérité n'est-elle aussi délicate à définir que la morale ? La réalité est une et indivise ; elle a autant d'apparences que de façons dont on la regarde, et il y a donc tout autant de vérités, toutes vraies à la fois. Même si certaines vérités sont, à nos yeux et selon le contexte, contradictoires. Difficile donc de fonder la morale sur la « vérité » ; l'attitude morale consiste à simplement *faire l'effort* de prendre en compte autant d'aspects de la réalité que possible, et d'ajouter à cela l'effort d'utiliser une logique aussi claire que possible et. Par-dessus, d'y rajouter encore l'effort de discernement des sentiments. Matière + actions concrètes – intellect – émotions… Je retombe dans ma définition de la sagesse, qui me semble indépassable…

La « justice sociale »

> p. 252 - 253 L'échec quasi mondial du modèle constructiviste [communiste] a confirmé les conclusions de penseurs comme Popper et Hayek, qui ont été malheureusement écoutés et compris trop tard […] La « justice sociale » a été incomparablement mieux assurée par le marché libre que par la planification autoritaire et la collectivisation.

La morale, c'est aussi de comprendre que la perfection sociale (une société sans injustice, sans crime, sans guerre, sans pauvreté) demeure toujours à construire et à reconstruire. Elle ne nous est jamais donnée, et dès que nos efforts cessent, elle s'érode. La preuve est faite que l'idéologie communiste était trop facilement corrompue pour permettre une justice sociale et la « vie bonne ». La preuve est également faite que le marché libre fût et est en ce sens plus opérant que le communisme. Pour autant, on ne peut pas en déduire que la situation actuelle – l'économie de marché libre – garantira *pour toujours* la justice sociale. L'économie de marché libre a permis des avancées sociale notables uniquement parce que le communisme en était le *contrepoids*. Aujourd'hui, sans contrepoids, nous voyons que l'économie de marché libre montre des signes de mépris du peuple (chômage structurel à cause de la mécanisation, spéculations sur l'alimentation et sur la médecine, destruction de l'environnement...) Elle favorise aussi la déconstruction des acquis humanistes (lobbys industriels qui influence le législateur afin que les lois autorisent les produits dangereux par exemple). Après nous avoir fait entrevoir les rivages de la perfection sociale, l'économie de marché libre nous en éloigne maintenant.

> p. 255 Par des voies inverses de celles du socialisme, le libéralisme laissé à sa logique ruinera le bien commun.

> p.259 La logique de la justice sociale mène non seulement à l'échec économique mais à la catastrophe sociale. En effet, si l'on veut réellement annuler les avantages hérités de la Nature et de la tradition, si l'on veut réellement rétablir des chances égales pour tous, il faudra détruire la famille et déraciner la tradition. C'est bien ce que Robespierre avait envisagé peu avant sa fin : « créer un nouveau peuple ».

On reconnaît ici, vigoureusement sapé, le programme d'une certaine gauche idéologique, par le passé communiste, aujourd'hui libérale des mœurs. Ici les mot-clés sont « les avantages hérités de la Nature et de la tradition » : bien sûr qu'aucune société ne permet aux individus de démarrer la vie avec les mêmes chances et dans les mêmes conditions. Biologiquement, nous sommes tous différents. D'un point de vue des traditions, aussi, nous ne recevons pas tous le même héritage. Aujourd'hui, les velléités communistes étant définitivement abandonnées (heureusement), nous allons vers une société multiple, où chacun peut s'épanouir selon son potentiel biologique et son héritage traditionnel. Et la somme de cela doit être bonne, selon l'adage

« il faut de tout pour faire un monde ». À nous de faire en sorte que la diversité nous rapproche des rivages de la perfection sociale. Pour cela, il faut éviter l'écueil de l'anarchie / nihilisme.

Et enfin :

> p. 260 - 261 Pour la démocratie comme pour la morale, l'hypothèse est la liberté : sans elle, sans la possibilité de choix libres, il n'y aura que servitude [...] nous avons de plus en plus à faire à des tyrannies qui n'ont pas le visage singulier du chef mais celui, indéfinissable, de la multitude s'imitant elle-même et se complaisant en elle-même. La morale [...] rappellera à la politique son devoir principal qui est d'instituer, non pas l'égalité, mais les conditions d'une liberté raisonnable.

Tout le monde acceptera, avec applaudissements, ces nobles phrases de Domenach. Mais en réalité, il faut prendre conscience de leur dureté : la liberté permet la vie bonne autant que la vie mauvaise ; la vie réussie autant que la vie ratée. Défendre la liberté implique de rappeler aux gens leurs choix, leurs responsabilités et leurs capacités. Le peuple doit être éduqué à faire des choix, à discerner, à comprendre et à porter des responsabilités, à se connaître soi-même pour savoir ce qu'il veut et ce qu'il peut. Voilà où mène la recherche morale que tout un chacun peut entreprendre. Et je suppose que cela constituait une partie des leçons de morale que les générations précédentes recevaient à l'école de façon explicite.

IV. Déductions

Une morale française

Alors, ai-je trouvé via ce livre de Domenach la morale française que je recherchais ? Une morale moderne et non une morale vieillotte, souple et non rigide, subtile et non manichéenne ? Je pense que oui. Cependant, en toute honnêteté, j'espérais trouver une morale « noble » et humaniste, qui serait le contraire lumineux de la morale à deux sous qui régit notre société avide de fric et de gabegie. J'enjolive donc peut-être la morale de Domenach ; entre ce que j'en comprends et la morale telle que lui-même la mettait en pratique, il peut y avoir des différences. Dans cette morale espérée, je veux voir ce que la France a de meilleur : les racines du bon sens, de l'honnêteté, de la raison, anciennes mais bien vivantes, qui ont permis les avancées humanistes des siècles passés et qui aujourd'hui encore doivent amener la sève humaniste à notre république et à nos institutions.

Ces racines « doivent », mais le peuvent-elles ? Il n'est pas sûr que la morale de Domenach serait populaire de nos jours. Elle dépasse les clivages et les banalités, quand notre société ne s'organise qu'en catégories, groupes, milieux, limites... Notre société définit pour mieux exclure. Voilà donc qui me semble important : être moral, c'est ne pas accepter que l'existant ne puisse être dépassé. Valoriser le non-dépassement, le « ne pas faire autrement et faire comme les autres », le « on a déjà tout ce qu'il faut » et autres paroles caractéristiques des trente dernières années de la vie politique en France, c'est se cantonner à ce qui existe. C'est presque du fatalisme, c'est presque immoral.

Domenach m'a montré que la morale est à la fois un point de départ et un aboutissement. C'est une question, c'est une volonté, c'est un effort, c'est du courage : la morale est donc mouvement. L'immobilisme est souffrance – la France souffre d'immobilisme. L'élection du jeune président Macron, qui a une nouvelle conception de la politique, va peut-être faire évoluer les mentalités. Peut-être que la France deviendra, comme les autres pays occidentaux, un pays qui ose, qui essaie, qui fait des paris, et qui arrête de se raccrocher sans cesse au passé.

Cet ouvrage de Domenach m'a aidé à cerner les bases de la morale française : selon lui ces bases sont *la vérité, la liberté et le courage*. Leurs contraires, erreur / mensonge / ignorance, restriction / immobilisme (physique ou intellectuelle) et lâcheté / fainéantise / désintérêt, ne peuvent engendrer que de la souffrance.

Vérité	Erreur Mensonge Ignorance
Liberté	Restriction Immobilisme
Courage	Lâcheté Fainéantise Désintérêt Déni

Il m'a aussi permis d'affiner ma pensée. En introduction de ce texte, j'écrivais que la morale démarre avec la question « qu'est-il bon de faire ? ». Maintenant, je me rends compte que cette question est venue trop rapidement. Sur le terrain, en situation, cette question ne nous vient pas à la conscience de prime abord. Lorsque nous rencontrons une difficulté, tout d'abord nous passons devant un choix : un choix entre d'un côté la voie des émotions et de la facilité (se mettre en colère, vociférer, menacer, frapper), et d'un autre côté la voie de la réflexion et de l'effort (chercher les causes, comprendre les conséquences, envisager les actions pour avancer). Et même ainsi, je résume encore trop vite le mouvement : parfois nous n'avons pas conscience que le choix existe. Nous sommes pris dans la réaction émotionnelle, et nous ne faisons que crier « ça c'est pas bien, ça c'est pas bien ! » en boucle, en pointant du doigt ce qui nous déplaît. Il faut alors que quelqu'un nous fasse remarquer que nous ne sommes pas rationnels, pour prendre conscience qu'une autre voie existe que la colère.

Cependant, dans notre société de bouffeurs de viande et de lécheurs de sucreries, de fainéants qui pensent qu'il suffit d'acheter une chose et de la revendre dix fois plus cher pour mener une « vie bonne », de non-lecteurs, de pressés, la colère, les vociférations et les menaces sont les réactions les plus communes. Ce d'autant plus que le niveau d'éducation est faible – car l'éducation sert justement à développer le rationnel et à maîtriser l'émotionnel. Sur la route le lundi matin ou le vendredi soir, on klaxonne, on insulte, on menace avec son véhicule, on enfreint le code de la route. Notre société ne se sent vivre que dans l'émotion. L'émotion lui convient, car l'émotion est rapide, instantanée. L'émotion, c'est facile[16].

Finalement, la lecture de ce livre a eu sur moi deux types d'effets. Des effets heureux : j'ai trouvé la morale française (du moins certains pans), je me suis « augmenté » de l'expérience de Domenach et j'ai fait travailler mes méninges. Et d'autres effets, des effets lourds à porter : le monde d'aujourd'hui me dégoûte encore plus ! Quel contraste entre l'homme moral dans sa recherche humaniste, et la société dans sa quête incessante du fric. L'argent circule maintenant sans entrave entre les pays, donc l'argent que vous utilisez pour

---

16 On peut me reprocher d'être trop cartésien, de privilégier la réflexion à l'expression émotionnelle. Et je l'admets ! Il faut de tout pour faire un monde !

acheter de bons légumes agroécologiques, par exemple, est le même qui est utilisé, en quantité infiniment moindre, pour payer un ouvrier-esclave d'Asie ou pour payer les mercenaires qui tuent les peuples premiers afin de raser des parcelles de forêt tropicale, forêt dont le bois partira en Europe pour être vendu dans une grande surface sous forme de mobilier de jardin « au meilleur prix ». Notre société industrielle repose toute entière sur l'exploitation des personnes qui ne font pas partie de notre société.

Et elle repose de plus en plus sur la marchandisation des valeurs humanistes. Prenez par exemple le cas du label AB (agriculture biologique). Le principe de ce label est que vous payez votre aliment plus cher, le surcoût servant en partie à payer quelqu'un qui va contrôler, à votre place, que le producteur travaille effectivement selon le cahier des charges de l'agriculture biologique (ce principe vaut pour tous les autres labels). Pourquoi acceptez-vous de payer ce surcoût ? Parce que vous ne faites pas confiance à un producteur qui affiche simplement produire bio. Vous voulez être certain de ce que vous achetez, donc vous préférez que le producteur soit contrôlé par une tierce personne. C'est votre droit. Mais là s'est perdu quelque chose de fondamental : *la confiance*. La confiance, c'est justement accepter de croire le producteur quand il affiche qu'il produit comme ceci ou comme cela. Si la confiance est le résultat du contrôle (de l'agriculteur par l'organisme certificateur), alors vous payez pour la confiance. Or par définition, la confiance ne s'achète pas. Ne se monnaie pas. Ne se marchandise pas. En payant pour la confiance, vous amorcez et vous entretenez ce grand mouvement de marchandisation de la vie dont rêvent chaque soir tous les charlatans de ce bas-monde et tous les libéraux.

De même, les banques éthiques sont une usurpation de notre humanité. Je suis membre d'une banque éthique dont j'ai commencé à me désengager. Pourquoi ? Car j'ai compris que pour que les banquiers se retiennent d'aller mettre notre argent dans des paradis fiscaux ou fassent d'obscures spéculations boursières avec, il faut les payer plus. Effectivement, l'adhésion à cette banque coûte soixante euros par an, plus quarante-cinq euros de frais de compte par an. Rendez-vous compte : je paie des gens plus chers pour qu'ils ne se comportent pas de façon malhonnête. S'ils étaient moins payés, ils n'auraient pas envie d'être des banquiers vertueux ! Dans ce cas-là, ce n'est pas la confiance mais la probité qui s'achète (ou qui se vend). Je considère que je me suis fait avoir. Je regrette d'avoir adhéré à cette banque. Donc la vertu a un prix, et le vice coûte moins cher que la vertu. Voilà où nous en sommes : à monnayer nos comportements les uns envers les autres. La confiance ne peut pas s'acheter. Si vous pensez que si, alors allez vous acheter des amis... Autre exemple : en ce moment une enseigne de la grande distribution vante ses produits en clamant qu'ils sont faits avec amour, dans le respect des travailleurs et de l'environnement. « Par ici messieurs dames ! Venez acheter un peu d'amour, ou beaucoup, car on fait des prix réduits pour les grandes quantités ! » À force de matraquage publicitaire depuis cinquante ans, la population occidentale en vient à considérer comme normale la pire folie des adorateurs du fric : mettre un prix sur nos émotions et sur nos valeurs. Jusqu'où cela va-t-il aller ? Faudra-t-il bientôt payer pour la politesse ? Pour la bienveillance ?

Notez bien ceci : la marchandisation des valeurs humaines est l'image miroir de la corruption. Quand le mafioso raquette le commerçant, sous la menace de violences à lui ou à sa famille, le commerçant vous demande de payer plus cher un produit pour que des producteurs ne sombrent pas dans la violence. N'acceptez pas ce chantage : payez les produits que vous achetez en fonction du travail que leur élaboration a demandé. Des marchands vous invitent à payer plus pour satisfaire votre confiance, votre humanisme, votre bon cœur, votre honnêteté ? Fuyez-les ! L'homme moral, intègre, quand il exerce le métier de producteur ou de vendeur, n'en appellera jamais à vos sentiments en vous présentant ses produits. Être moral, c'est laisser à son interlocuteur le choix de ses sentiments. Séparez l'argent et les émotions.

Je m'explique. Ne faut-il pas payer les produits au juste prix, me demanderez-vous ? Par exemple, le commerce équitable n'est-il pas une bonne idée ? À priori, c'est une bonne idée : il s'agit de rémunérer le travail des paysans des pays du Sud à sa juste valeur. Mais ce niveau de morale ne me satisfait pas. Il est même dans le fond immoral. Pourquoi est-il usuel que certains travailleurs, dans certains pays ou dans certains domaines, soient systématiquement sous-payés. Pourquoi acceptent-ils des salaires de misère ? Domenach nous donne la clé pour sortir de cette contradiction entre une mesure à priori éthique et un fond immoral : les salaires de misère sont usuels parce que ces travailleurs n'ont pas la *liberté* de faire autrement. Ils doivent les accepter sous peine de mourir de faim. La liberté est le fondement de la morale, nous rappelle Domenach. Il est donc facile de se montrer généreux envers des personnes qui ne jouissent pas de la même liberté que nous !Le commerce équitable, ou les labels de confiance (pour l'agriculture, la sylviculture, la production de textiles…) ne servent à rien dans le fond, car les travailleurs du Sud n'ont d'autre choix que de mourir de faim ou de travailler pour un salaire de misère. S'ils avaient plus de liberté, eux – et nous – n'en serions pas là. En plus de nombreux journalistes ont révélé à quel point il est facile pour les employeurs de ne pas respecter les chartes, les cahiers des charges et les contrats de confiance de la production et du commerce équitable. Bref, si tous les individus jouissaient d'une égale liberté, les marchands ne pourraient pas vous vendre des produits pour alléger votre conscience. Je vous renvoie aux mots de Domenach p. 163 : voilà ce que vous devez exiger de l'État. *L'argent ne peut pas être l'intermédiaire de la morale.* Si nous nous étions véritablement engagés dans une ère post-coloniale humaniste, telle que je l'explique p. 20, nous n'aurions pas besoin d'un label de commerce équitable – ou de tourisme équitable – avec nos anciennes colonies.

L'ordre moral et la politique

Vérité, liberté, courage : voilà les bases d'une saine morale selon Domenach. Si une morale doit valoir pour tout un pays, alors elle doit se prolonger en se développant dans un système de lois et en se concrétisant dans un système de justice.

Morale → lois → justice et police → pour ramener à la morale

La morale doit être à la fois le point de départ et la conséquence de toute forme de loi et de justice, me semble-t-il. La morale doit être même au-dessus de la déclaration des Droits de l'Homme. Via nos lois et notre justice, la vérité, la liberté et le courage doivent régir notre économie, notre système éducatif, notre système de sécurité sociale et notre politique étrangère.

Qu'est-ce que le progrès d'une société sinon l'augmentation du nombre de personnes qui sont libres, qui obtiennent de connaître la vérité et qui sont courageuses et qui désirent ? Inversement la régression d'une société a pour symptôme la baisse du nombre de personnes libres, instruites de la vérité et courageuses.

La politique en France a été polarisée entre d'un côté les mondialistes et de l'autre les nationalistes. Ouverture sur le monde versus repli sur soi. Emmanuel Macron de La République en Marche et Marine Le Pen du Front National, candidats du second tour à l'élection présidentielle de 2017, ont incarnés avec le sourire cette répartition des rôles. Mais dans une perspective morale, cette division ne fait pas de sens. Si notre pays n'est pas conscient de ses devoirs de morale et s'il n'agit pas en cohérence avec ces devoirs en instaurant les lois nécessaires, la vie à l'intérieur des frontières ne progressera pas. Il y aura un recul des libertés, un recul de l'instruction et une baisse des initiatives (intellectuelles, économiques, sociales).

Et à l'extérieur des frontières, les relations avec les autres pays se dégraderont parce que notre identité sera affaiblie. Notre identité, au-delà de toute polémique nationaliste, patriote, etc., c'est le niveau de ces trois indicateurs : libertés, instruction, initiatives (bien plus que le niveau du PIB). Si nous avons une morale faible, nous avons des indicateurs qui baissent, donc nous perdons en force de négociation avec les autres pays. Dans une perspective morale, le destin de notre pays à l'intérieur de ses frontières et dans la mondialisation sont indissociables.

V. Annexe : morale et mutilation

Bref essai d'archéologie de la morale

Durant toute l'histoire de l'humanité, les personnes immorales qui tuaient ou qui volaient étaient le plus souvent punies physiquement, par des coups et des mutilations. L'*excès* d'égoïsme dont avait fait preuve la personne immorale était rééquilibré par la *diminution* physique (main tranchée, langue percée, membre brisé, etc).

La mutilation arrive après la faute morale. Mais les mutilations, dans certains peuples et dans certaines sociétés secrètes, arrivent au contraire au tout début d'un processus de moralisation : ce sont des initiations. Plus précisément elles servent à tester et à confirmer la valeur morale de la personne qui va devenir adulte (rite de passage) ou qui va être reçue dans la société secrète. Dans ces cas la mutilation est en même temps diminution physique (en général le sacrifie d'une partie du corps) et augmentation morale.

La peur de la punition et l'augmentation morale induisent certes des changements de comportements, mais vis-à-vis de la morale elle-même. Le voleur ne volera plus ; l'enfant peureux deviendra un adulte courageux ; le quidam ignorant deviendra un initié valeureux. Mais en plus de punir et d'augmenter la valeur morale, la mutilation pouvait, selon moi, servir très prosaïquement à *contrôler les comportements les plus basiques de la vie*. Considérons les rites des aborigènes d'Australie, tels que présentés par Mircea Eliade. Lors du rite masculin du passage à l'âge adulte, l'individu se fait arracher une incisive à coup de pierre, et il subit la terrible subincision (le pénis est ouvert du gland jusqu'au périnée, tout du long de l'urètre). Le corps est atrocement et douloureusement mutilé et donc modifié.

La première mutilation a des conséquences directes sur l'alimentation : avec une incisive en moins il devient plus difficile de manger de la viande. Et le pénis, ainsi fendu, fait que l'éjaculation se produit non plus au niveau du gland mais quasiment au sortir des bourses. L'érection et les rapports sexuels demeurent possibles mais la fécondation devient hasardeuse voire impossible. Ne peut-on voir dans ces mutilations *une morale qui se passe de mot* ? Car ces mutilations réfrènent le désir de viande et maintiennent la natalité à un taux très faible : ce sont deux comportements qui facilitent la survie dans un milieu hostile où les aliments sont rares. Pas de discours moralisateur donc, mais un rite de passage avec mutilation qui combine augmentation morale et *auto-contrôle physique* d'un peuple. Une morale non pas pensée et intellectualisée dans des discours, mais une morale actée, une morale directe, une morale de la main. Et la terrible excision des femmes dans de nombreux pays africains a peut-être la même origine morale.

Aux temps primitifs de l'humanité, la morale était d'abord le contrôle de soi, et de son clan, pour parvenir à survivre, tout simplement. *La morale se confondait avec la biologie et l'écologie*, pour ainsi dire ! Donc la circoncision, telle que pratiquée encore de nos jours, avait-elle à l'origine une raison d'être écologique ? Telle que pratiquée de nos jours, elle n'est pas handicapante pour la sexualité. Si à l'origine de cette action il y avait la volonté de contrôler la natalité, alors à l'origine le gland était peut-être coupé, voire le sexe entier. Ou bien l'ablation du sexe servait volontairement à faire mourir le nouveau-né, le cordon ombilical lui ayant amené le sang et le sexe ôté laissant repartir le sang…

De telles images *d'une morale qui soumet les corps* nous font trembler d'effroi. Prenons garde que les techniques qui modifient les corps ne prennent pas un jour l'apparence de la morale ! Nous redeviendrions alors des primitifs qui ne savent pas se contrôler via la parole et la réflexion.